MARCA

Stalimir Vieira

# MARCA
## O QUE O CORAÇÃO NÃO SENTE OS OLHOS NÃO VÊEM

*wmf* **martinsfontes**

SÃO PAULO 2014

Copyright © 2008, Livraria Martins Fontes Editora Ltda.,
São Paulo, para a presente edição.

1ª edição 2002
Edições Loyola
4ª edição 2014

**Acompanhamento editorial**
*Helena Guimarães Bittencourt*
**Preparação do original**
*Luzia Aparecida dos Santos*
**Revisões gráficas**
*Sandra Garcia Cortes*
*Daniela Lima Alvares*
*Dinarte Zorzanelli da Silva*
**Produção gráfica**
*Geraldo Alves*
**Paginação**
*Moacir Katsumi Matsusaki*

**Dados Internacionais de Catalogação na Publicação (CIP)**
**(Câmara Brasileira do Livro, SP, Brasil)**

Vieira, Stalimir
  Marca : o que o coração não sente os olhos não veem /
Stalimir Vieira. – 4. ed. – São Paulo : Editora WMF Martins
Fontes, 2014.

  ISBN 978-85-7827-906-6

  1. Comunicação 2. Criatividade 3. Marca de produtos 4.
Publicidade I. Título.

14-11132                                          CDD-659.1

Índices para catálogo sistemático:
1. Criação publicitária : Administração   659.1
2. Publicidade : Raciocínio criativo : Administração   659.1

*Todos os direitos desta edição reservados à*
**Editora WMF Martins Fontes Ltda.**
*Rua Prof. Laerte Ramos de Carvalho, 133  01325-030  São Paulo  SP  Brasil*
*Tel. (11) 3293-8150  Fax (11) ) 3101-1042*
*e-mail: info@wmfmartinsfontes.com.br  http://www.wmfmartinsfontes.com.br*

# Índice

*Prefácio* .............................. VII
*Apresentação* ....................... XI

*Introdução* ........................... 1

## Que fazer para transformar a MARCA num signo de excelência?

Compreender que a excelência é uma utopia ........................ 41
Compreender que o fator humano não é só importante; é tudo .......... 57
Compreender que estabelecer metas não traduz, necessariamente, a comunhão de ideais ...................... 75
Compreender que o comportamento ético é o mais poderoso formador de imagem de marca .............. 97
Compreender que só o tempo traz a confiança .................... 121

Compreender que num mundo de *players*
   faz diferença não ser um a mais ... 131
Compreender que a publicidade é um
   potencializador de qualidades .... 139
Compreender que as marcas, como
   as pessoas, revelam ao mundo seu
   berço ........................ 141

# Prefácio

Quando o Stalimir me perguntou se aceitava escrever o prefácio de seu livro, concordei sem pestanejar. Afinal, somos amigos, e, se ele resolvesse escrever um tratado sobre a vida sexual do ornitorrinco, com certeza também não teria dúvida.

Ok, somos amigos e, talvez por isso mesmo, tenho de aqui confessar um pensamento rápido que me passou pela cabeça: "Que saco, mais um livro sobre a importância da marca, quem precisa disso?" Quantas vezes ouvimos e lemos um monte de publicitários nas revistas e jornais que cobrem o nosso mercado dissertando sobre a importância da marca em tempos de crise, em tempos de prosperidade. Há campanhas ameaçando os pobres gerentes de propaganda de extinção caso a marca seja deixada de lado. Enfim, toda foto de alguém engravatado sorrindo em palestras vem seguida de "a importância da marca...".

Isso tudo me passou pela cabeça no tal pensamento rápido que mencionei.

E, por ser rápido o pensamento, ele necessariamente é superficial e deixa de lado o principal: QUEM escreve agora sobre o mesmo tema. Meu amigo Stalimir. O *enfant terrible* da redação publicitária brasileira, com seu nome comunista a serviço da arma mais bela do capitalismo: a propaganda.

Comecei então a ler seu livro, já sem o pensamento apressado de quem é treinado todos os dias para isso. E como fiquei feliz de ler ali idéias em que acredito.

Houve um tempo em que SER era o mais importante. As pessoas eram julgadas socialmente pelo que eram. Ser doutor, artista ou acadêmico dava às pessoas o consentimento social de que precisavam.

Depois veio a época do TER, bastava ter alguns milhões, alguns carros importados.

Agora vivemos na época do APARECER. Basta aparecer em alguma TV, revista com fotos ou ao lado de alguém.

Num tempo como o nosso, o *marketing* se tornou fundamental. É ele que potencializa o APARECER.

E aqui o livro do Stalimir pode servir como a consciência do *marketing*. Colocando ao lado do APARECER o principal: o COMO.

É a primeira vez que vejo alguém levantar a bandeira de que a ética é fundamental para a construção de uma marca. Que o *marketing* não pode mais ser encarado como fim em si mesmo. Que uma marca não pode apenas PARECER honesta para ser percebida assim, escondendo ou maquiando os defeitos de caráter de grandes empresas. Que as pessoas têm uma antena muito boa para perceber, como sua avó já fazia, o que se esconde por trás de um sorriso falso.

Que este livro traga de volta para a discussão alguns valores éticos que, na nossa pressa de PARECER, julgamos supérfluos.

MARCELLO SERPA
Vice-presidente da Almap/BBDO

# Apresentação

Este não é um livro de *marketing*. Aqui você não vai encontrar fórmulas ou regras que apontem para o sucesso nem afirmações do tipo "ou você faz ou você está fora". Apenas reflexões. Algumas, sim, nascidas no âmbito do *marketing* – afinal, são trinta e dois anos de carreira, lidando com o assunto –, mas, na medida do possível, descondicionadas do cotidiano profissional. Também não é um livro de renegado; quem sabe, apenas de subversivo, mas sem o talento dos grandes subversivos. Repito: são reflexões. Um convite ao questionamento, sem a preocupação de afirmar-me dono da verdade. Mas confesso: é, também, uma reação a um monte de bobagens e barbaridades vistas, ouvidas e lidas, durante bastante tempo, e tratadas, muitas vezes, como coisa séria.

A idéia de escrevê-lo não foi minha, mas de um sujeito chamado Eugênio Esber, diretor de redação da revista *Amanhã*, especializada em economia e negócios, mas com uma vocação ética muito especial. Tudo começou com um convite para uma palestra para empresários, em Porto Alegre, evento ligado ao Top of Mind patrocinado pela revista. As pessoas gostaram do que ouviram. Passaram a pedir aos editores cópias da palestra. Em vez disso, optamos por um artigo, que foi publicado na revista. Diante do artigo, a recomendação de Esber: trate já de aprofundar o tema num livro. Antes, repeti a palestra em Recife, para uma platéia de empresários, consultores e publicitários. Nova boa acolhida. Entusiasmei-me. Apesar de haver escrito um pequeno livro sobre criação publicitária (*Raciocínio criativo na publicidade*, WMF-Martins Fontes, 2007), de ter sido co-autor de outro sobre propaganda (*Propaganda: profissionais ensinam como se faz*, Atlas), de escrever regularmente em jornais e revistas, de ministrar *workshops* e palestras sobre o mesmo tema em universidades do Brasil inteiro e no exterior, nunca me havia aventurado mais diretamente a divagar sobre *marketing* e marca, especificamente, num livro. Sei que o mercado está coalhado de títulos sobre o assunto. Honestamente, não li nenhum. Não se trata de preconceito. Apenas não tive tempo. As poucas e preciosas horas dedicadas à leitura, geralmente a bordo de aviões, na paz do banheiro ou, ainda, um pouco antes de dormir, foram ocupadas com história, filosofia, sociologia, psicologia, romance e poesia. Pensando bem, matéria-prima do *marketing* sério.

Enfim, este é um livro de registros, constatações, intuições, organizados de maneira mais ou menos sistematizada. Sim, é o contrário do que costumam ser os livros de propósito didático. Poderia ser maior, mas também não terminar nunca. Afinal, cada vivência, cada momento, cada diálogo acabam inspirando novas reflexões, e daí para novas anotações é um pulo. E assim, de pulo em pulo, a coisa poderia se eternizar. Preferi encerrar um processo, uma fase. Depois, continuar, se for o caso, em outro livro. A verdade é que na gaveta ele não serve para nada. Nem para mim. Para que eu saiba quanto útil ou inútil ele é, tem de ganhar o mundo. Idéias precisam ser libertadas o quanto antes. É o que estou fazendo. Uma catarse? Não sei. Prefiro que seja um termo de compromisso. Termo de compromisso de fé em ideais que abracei, quando meus pais os jogaram no meu colo (só tive tempo de pensar depois). Pensei e resolvi continuar com eles, apesar das contradições da vida. Na verdade, gostaria que este livro fosse inspirador de livros escritos por gente que sempre achou que não

tinha nada de importante a dizer. Gostaria
que empresários, cercados de números por
todos os lados, se motivassem e soltassem
a alma, trazendo à tona pensamentos pro-
fundos. Gostaria de ver meninos e meni-
nas, freqüentadores dos MBAs* da vida,
se sentindo instigados a provar que têm
uma alma a defendê-los. Gostaria de ver
gerentes seriamente envolvidos com a busca do sucesso desafiados a responder aos
conceitos deste maluco, através de textos
inteligentes e carregados de sentimento.
Talvez seja querer demais. Ou, quem sabe,
eu esteja subestimando a sensibilidade
alheia. Vamos ver.

---

* MBA (Master in Business Administration): cursos de
mestrado em administração de negócios.

# Introdução

## *MARKETING* E ÉTICA: UMA CONVIVÊNCIA POSSÍVEL

Eu tinha 8 anos e vivia em Porto Alegre com minha avó. Numa dessas tardes modorrentas do verão gaúcho, estávamos, logo depois do almoço, os dois, entretendo-nos: ela costurava a bainha de um pano de prato; eu desenhava. Ouvíamos rádio. De repente, começou a tocar um *jingle*: *Chimarrão Gaúcho... O melhor que há... Chimarrão Gaúcho... o melhor que há.* E minha avó, prontamente, sem tirar os olhos da costura: "Mentiiiira." Tomei um susto. Era a primeira vez que deparava com a questionabilidade da propaganda. Então, nem tudo o que é afirmado, ainda que publicamente, sobre determinada marca corresponde ao juízo que o consumidor faz dela? Ora, veja... Minha avó entendia de chimarrão, tomava seu mate todos os dias, de manhã cedo e no fim da tarde. Eu sabia que ela tinha autoridade para desmentir o *jingle*, embora o rádio fosse uma instituição poderosa, capaz de fazer mudar os humores da casa, a cada noticiário ou capítulo de novela. Em outros dias, o *Chimarrão Gaúcho* insistia com seu refrão a afirmar que era o melhor que havia. E imediatamente me vinha à mente a negativa. O que me inspirava longas reflexões sobre verdades e mentiras, na propaganda ou não. Trinta e dois anos depois de haver ingressado no mercado publicitário como profissional de criação, toda vez que estou desenvolvendo uma peça de propaganda lembro-me daquele comentário de consumidora, manifestado com absoluta naturalidade. Em 1750, o pensador francês Jean-Jacques Rousseau já afirmava que "a verdade não reside primariamente no pensamento, mas no sentimento, na intuição imediata, na certeza do coração". Dois séculos e meio depois de Rousseau, aprender a lidar com essa sutileza talvez seja um dos maiores desafios do *marketing*.

Para este estudo, senti necessidade de obter uma definição mais precisa de *marketing*. Segundo o *Michaelis*, *marketing* é "o conjunto de operações que envolvem a vida do produto, desde a planificação de sua produção até o momento em que é adquirido pelo consumidor". Já o vocabulário técnico do livro *Propaganda. Profissionais ensinam como se faz*, organizado pelo professor José Predebom, define *marketing* como "o conjunto de habilidades para produzir, anunciar e comercializar produtos, serviços, idéias etc.". Em *Criação de propaganda*, de Julieta de Godoy Ladeira, há um glossário que define *marketing* como "estudo de mercado, de sua evolução e possibilidades (...)". Há muitos anos, tentou-se traduzir *marketing* por *mercadologia*. Na verdade, *marketing* ou *mercadologia*, em suas diversas definições, não deixa de ser uma espécie de *cultura sobre os objetivos de quem produz e os interesses de quem consome e seu potencial de inter-relacionamento*. Faz parte do *marketing* desde a constatação de uma necessidade de mercado, bem antes ainda, portanto, do início da produção, até a colocação do produto ao alcance do consumidor. Aí, naturalmente, está incluída a publicidade, mas também detalhes relevantes, como a formação de preço, que é uma atitude de *marketing*, uma vez que pode determinar o sucesso ou o fracasso da marca. Ou seja, em tese, tudo o que contribui para construir a marca tem um potencial de *marketing*.

Poderá parecer, assim, que *marketing* é pura racionalidade, uma combinação de elementos autônomos que, devidamente equacionados para determinado objetivo, deverão determinar o sucesso da marca. Essa é uma visão tecnicista que tenta dar ao *marketing* um sentido de ciência exata, em que leis e axiomas estabelecem o padrão das relações entre empresas e consumidores. Naturalmente, nessa definição não cabem as *certezas do coração*, de Rousseau. Aliás, normalmente, nenhum técnico gosta de lidar com o impreciso, com o volátil, com o *espiritual* (que podemos dar como qualidade do intuído). No caso dos marqueteiros, não é diferente: a velocidade do mercado, a concorrência acirrada, a necessidade de demonstrar segurança o tempo todo e a falta de base humanística na formação profissional transformam os planos de *marketing* em meras repetições de fórmulas. A verdade, porém, é que, por mais que se relatem *cases* de sucesso\* de *marketing* com estardalhaço, sem a menor possibilidade de dúvida teremos sempre muito, mas muito mais histórias de fracassos, que serão, devidamente, varridas para debaixo do tapete.

Houvesse uma filosofia de *marketing*, certamente ela trataria da *ideologia das mar-*

---

\* *Case* – literalmente: exemplo bem-sucedido. Um *case* de *marketing* normalmente é considerado um exemplo de ocorrência em que a estratégia de *marketing* obteve resultado acima do esperado para a marca.

*cas*. Ao associar-se a valores, a marca, automaticamente, se torna ideológica. O que facilita compreender seu sucesso ou seu fracasso a partir do princípio comum que conduz a qualidade das relações humanas, sejam de negócios ou não: uma percepção, construída sobre contrastes ideológicos. Ou seja, ir ao mercado é submeter-se ao discernimento. Portanto, é preciso muito mais do que técnica. Ainda que caiba a pergunta que muito bem poderiam fazer os marqueteiros: que risco pode haver de a *ideologia da marca* contrastar negativamente com a *ideologia do consumidor* se a imagem da marca é tão cuidadosamente elaborada em *laboratórios de marketing*? E a resposta é: todos. E o maior deles é, exatamente, ter acreditado que percepção de marca é *apenas* produto de *marketing*. (Certa vez, estava em Blumenau e comentei com o motorista de táxi que me conduzia sobre a qualidade da gente da cidade, atribuindo o fato à boa formação que as pessoas obtinham nas escolas. Em resposta, ele me disse que eu estava enganado: na verdade, a qualidade das pessoas provinha de seus lares, elas tinham berço.) Temos de entender o *marketing* apenas como uma parte da *educação da marca*. O mais importante é o que ela traz em suas origens, de *dentro de casa*, de seu *berço*. Quando digo que *ir ao mercado* exige muito mais do que técnica, quero dizer que exige verdade. E a *verdade da marca* é a verdade dos sentimentos das pessoas que lidam com ela. E a verdade, para esse fim, é o que *faz sentido* para o coração.

É uma ilusão acreditar que um conceito de marca pode ser eficiente a partir de definições artificiais, criadas fora do contexto ideológico da empresa. Nenhum plano, por mais tecnicamente justificado, se sustenta sem considerar que toda marca nasce impregnada de um ideal. E ele será a essência do seu sucesso ou o mal congênito a comprometê-la para sempre. Isso não significa, necessariamente, que a marca portadora de males congênitos não irá vingar ou crescer. Crianças que nascem com males congênitos também crescem. E seus males congênitos, se não corrigidos, crescem junto, podendo se converter num problema cada vez maior. Portanto, crescer não significa, necessariamente, vencer, triunfar. Não se pode dizer, por exemplo, que a Construtora Encol não cresceu. Tampouco se pode acusar seu *marketing* de ineficiente. Pelo contrário, só porque era um sucesso de *marketing* seu fracasso teve conseqüências tão desastrosas. Por mais bem sustentados que sejam seus argumentos, quando o *marketing* trabalha sobre marcas sem consistência ideológica a tendência é, no final das contas, a imagem ruir como um castelo de cartas. Aí está a questão. Não sendo ideológico, o *marketing*, a bem da verdade, tem muito pouco a fazer, em profundidade, pela marca. É como a escola, a que eu, enganado, atribuí a qualidade dos habitantes de Blumenau. O *marketing* ensina técnicas. E a aplicação de técnicas parte do princípio de que elas são adequadas, como na escola se acredita que os alunos que a freqüentam estão habilitados para o aprendizado. No entanto, alunos repetem de ano, abandonam a escola ou se mostram insociáveis, a ponto de ser expulsos.

Buscar no *marketing* a solução de problemas intrínsecos pode revelar três condições: ignorância, comodismo ou má intenção. E qualquer uma delas deveria inabilitar, eticamente, a ida ao mercado. Dificilmente um empresário ouvirá essas verdades de um consultor de *marketing* ou de publicitários vinculados à agência com quem escolheu trabalhar. Como eu disse, o descompromisso ideológico faz do *marketing* um *cumpridor de ordens* e seus executores, geralmente, não escapam de fazê-lo atuar meramente como técnica aplicada. Senão, vejamos: certa vez, participei de uma reunião numa agência de publicidade em que estavam presentes representantes do departamento comercial do cliente e uma jovem colega, profissional de planejamento estratégico de *marketing*. O cliente, laboratório fabricante de medicamentos, trazia uma questão para ser debatida: o concorrente havia lançado um xarope de fórmula mais moderna que o seu e, por isso, vinha ganhando a preferência dos médicos na recomendação aos pacientes. O resultado é que as vendas vinham despencando significativamente e havia a necessidade imediata de algum tipo de movimento no mercado que revertesse essas tendências. A mim, profissional, então, com vinte e cinco anos de carreira, ocorreu, de pronto, apenas uma humilde pergunta: "Os senhores estão tratando de atualizar a fórmula?" Silêncio. Minha colega, com apenas dois anos de carreira, freqüentadora de um curso de MBA, absolutamente segura, determinou: "Temos de estimular a automedicação!" Sorrisos satisfeitos e coniventes. Do ponto de vista do *marketing*, como vem sendo entendido e praticado, minha colega de planejamento estratégico demonstrou, com sua proposta, muito mais eficácia do que eu. Em primeiro lugar, porque deu uma resposta, enquanto eu fiz uma pergunta (eu deveria ter compreendido que, ao trazer um *problema intrínseco* da marca para o âmbito do *planejamento de marketing*, o cliente deixava claro que não estava procurando uma *solução intrínseca*); em segundo lugar, porque ela recomendava uma solução muito mais econômica, restrita ao contexto do *marketing*, enquanto eu insinuei, com minha pergunta, uma intervenção científico-industrial; em terceiro lugar, porque ela assumia a responsabilidade pela proposta, eticamente comprometedora, avalizando-a como solução técnica. O que aprendemos como virtude, em nossa formação clássica, não tem, a princípio, lugar no pragmatismo do *marketing* atual.

Será que tem de ser assim? Quando minha avó respondeu com a acusação de "mentiiiiira" ao *jingle* do *Chimarrão Gaúcho*, que o definia como o *melhor que há*, o que estava em julgamento não era o *marketing* em si. Afinal, ela ouvia anúncios em quantidade, todos os dias, sem jamais questioná-los. Ou seja, entendia como absolutamente natural que as marcas fizessem uso da publicidade e da mídia. O que minha avó não admitia é que mentissem. Poderíamos, numa licença moral, dizer, enfim, que a mentira em *marketing é relativa*: no momento em que falo de mim mesmo, com o objetivo de vender minha imagem, é lógico que só fale de minhas qualidades ou as enalteça ou, ainda, exagere sobre elas. No entanto, é preciso ter consciência de que mesmo essa liberalidade aceitável quando se trata de *opinião paga* encontra um limite no senso ético das pessoas. O que despertou a indignação de minha avó foi a afirmação *é o melhor que há*. É o melhor que há para quem, cara pálida? Não para ela, *heavy user*\* de erva-mate, como gostam de dizer os marqueteiros. A verdade é que alimentar a vaidade de anunciantes tem sido técnica de alguns profissionais de *marketing* para facilitar o próprio trabalho. E o problema é que ignorância e vaidade, quando se juntam, costumam compor uma mistura desastrosa. Podem levar uma afirmação leviana a limites eticamente inaceitáveis. E gerar reações prontas e firmes dos consumidores, comprometendo a marca, definitivamente. Cliente e agência concordaram, por conveniência, em conceituar o *Chimarrão Gaúcho* como o melhor que havia. Como resposta, ganharam um novo conceito, nascido da *verdade do coração* do consumidor: mentirosos.

Nosso laboratório farmacêutico citado há pouco corre um sério risco. Não necessariamente no sentido de que seu truque (induzir a automedicação, por estar sendo preterido na recomendação dos médicos, em razão de a marca concorrente ter desenvolvido uma fórmula mais moderna e eficaz) vá gerar algum tipo de comprometimento imediato da marca entre os consu-

---

\* *Heavy user*: consumidor freqüente.

midores. As coisas não são tão rápidas, porém são muito danosas. A *doença da marca* é como um câncer. As pessoas podem não perceber, mas ele já faz parte do organismo muito antes de apresentar seus primeiros sintomas visíveis. Digamos que a estratégia sugerida pela planejadora de *marketing* da agência seja aprovada e posta em prática. O médico deixa de ser *target** do laboratório e os investimentos são concentrados na recomendação direta do uso do produto pelo consumidor. Provavelmente, a empresa vai vender mais, e cliente e agência ficarão felizes. No entanto, silenciosamente, a partir desse aparente sucesso, dois *tumores* começam a se desenvolver na marca. Um dentro da empresa; outro, no consumidor. O que nasce dentro da empresa talvez seja o mais sutil, mas, certamente, é o mais daninho. É aquele que vai revelar um padrão de mentalidade aético. Uma *infecção* devastadora que, nascida em algum lugar – tanto pode ter sido na gerência de *marketing* como na presidência –, rapidamente contaminará todos os *órgãos*, tendo como primeira conseqüência a perda do respeito pelo local de trabalho. Circunstância que contará com a agravante de estar disfarçada por necessidades e conveniências de patrões e empregados, criando

---

* *Target*: público-alvo.

e consolidando uma coexistência conduzida pela hipocrisia e que, fatalmente, estará presente nos atos de cada um nas relações com a marca. Isso não tem nada de metafísico ou paranormal. É, simplesmente, próprio da natureza humana. Portanto, se é certo o que foi dito antes, que a verdade da marca é a verdade das pessoas que lidam com ela, ou seja, que a verdade da marca é produto de uma percepção gerada por atitudes de quem decide, teremos pela frente uma verdade bastante cruel. Por outro lado, ao descobrir que foi enganado, o consumidor também formará seu juízo, realizando em sua mente a devida associação entre a marca e a prática da traição. E, assim, fragilizada na percepção do consumidor e deteriorada internamente, pelo desrespeito de sua própria gente, a marca certamente sucumbirá, vitimada por sua inconsistência ideológica.

A palavra ideologia pode ser definida como um conjunto de crenças que estabelece um compromisso de conduta. Quando digo que a marca deve estar impregnada de ideologia, significa que devem existir valores e princípios que a norteiem e que as pessoas que gravitam em torno dela (*a comunidade da marca*) acreditem nesses valores e princípios e os tomem como compromisso de conduta, contribuindo na formação de um conceito coerente com os propósitos da marca. Quando esse compromisso não existe, isso pode ser entendido como ausência de identidade ou de personalidade. Sem uma base ideológica em sua origem, a marca terá muito pouco a oferecer como orientação para um trabalho sério de *marketing*. E o que eu chamo de um trabalho sério de *marketing*? Um trabalho em que o *marketing* cumpra seu papel de potencializador de qualidades. Esse é o ponto. O *marketing* é uma ferramenta que opera sobre elementos definidos e não uma varinha mágica que cria o que não existe. Aliás, exatamente quando é utilizado de maneira distorcida é que o *marketing* compromete e compromete-se, do ponto de vista ético...

Será aceitável considerar as ferramentas do *marketing* como artifícios? Essa é uma questão que, provavelmente, ocupará muito pouco espaço no mundo dos negócios, onde o *marketing*, cada vez mais, se torna uma arma poderosa, avaliado sempre do ponto de vista da eficácia de seus resultados e nunca à luz de seus méritos éticos. No entanto, essa prática *artificialista*, ainda que insistentemente aplicada (a velocidade do mercado inviabiliza qualquer reflexão moral), tem servido para demonstrar a fragilidade do *marketing* quando trata de marcas ideologicamente descomprometidas ou ideologicamente antagônicas a conceitos morais correntes. Vejamos o caso da Nike. Sem dúvida, patrocinar a seleção brasileira de futebol e alguns de seus jogadores mais famosos é uma atitude acertada de *marketing*. No entanto, interferir na formação da equipe ou forçar a escalação de jogadores ou, ainda, se utilizar de trabalho infantil são atitudes que causam escândalo, arruínam a imagem e demonstram a absoluta impotência do *marketing* quando se trata da *índole da marca*. É como um bolo de aniversário, em que o *marketing* é a cobertura de *chantilly* e a *índole da marca* são a massa e o recheio. Por mais bonita que seja a apresentação do bolo, vai chegar um momento em que o *chantilly* não poderá mais responder sozinho por ele. Daí ser uma ilusão acreditar que quem constrói a marca é o departamento de *marketing*. Quem constrói a marca é o departamento de recursos humanos, o departamento de contas a pagar, o serviço de atendimento ao cliente e, principalmente, a qualidade ética dos acionistas. Aliás, essa qualidade ética é que determina a verdadeira vocação das intenções da marca. Ninguém será capaz de disfarçá-la, a ponto de construir, artificialmente, uma imagem desvinculada dos sentimentos que ela provoque, começando por sua própria comunidade interna. Sempre se poderá dizer, por certo, que a Nike é um *case* de *marketing* e que seus produtos continuam vendendo muito bem. Sim, o nazismo também foi um *case* de *marketing* e, mesmo cinqüenta anos depois de derrotado, ainda existem nazistas. Pior: existem neonazistas (ou, numa linguagem de *marketing*, o nazismo *continua vendendo*), apesar de todo o investimento que se faz no *marketing antinazista*. A comparação busca apenas responder a argumentos exageradamente pragmáticos. É natural que a Nike venda muito e continue vendendo muito, por bastante tempo, mesmo que se confirmem todas as denúncias contra a marca. O produto tem qualidade, sua distribuição é eficientíssima, seu preço é compatível com o mercado e suas ações de publicidade muito criativas e adequadamente programadas na mídia. No entanto, não se pode negar o fato de que, pelo menos no Brasil, a marca Nike deixou de ser apenas marca de tênis e passou, também, a ser marca de uma Comissão Parlamentar de Inquérito, a CPI da Nike, que apura escândalos políticos e financeiros. A eficiência do *marketing* é indiscutível. A suficiência do *marketing* é que é discutível, a longo prazo.

Grandes marcas, paulatinamente, abandonam o foco na produção e voltam-se para o *marketing* como ocupação principal. A globalização tem estimulado a terceirização da produção em diferentes países, onde são levados em conta, principalmente, o custo da mão-de-obra e os incentivos fiscais. Do ponto de vista econômico, não há o que questionar. Do ponto de vista ético, algumas questões se apresentam para reflexão. Se remontarmos à história das marcas, sempre vamos encontrá-las, em suas origens, revestidas de um conceito personalista: alguém absolutamente confiável produzindo alguma coisa de qualidade. Ou seja, a marca vinculada a alguém de carne e osso. Uma garantia real, a garantia da vergonha na cara. A determinação em posicionar-se, de forma explícita, como responsável pelos produtos ou serviços gerados pelo próprio negócio, a dedicação em desenvolver produtos e proporcionar serviços que satisfizessem o orgulho próprio ou atendessem a uma tradição familiar revelavam no empreendedor (dono da marca, muitas vezes um sobrenome de família) uma postura de grande valor ético. Havia um compromisso moral com o nome e, como decorrência, uma preocupação efetiva com a satisfação dos clientes. Naturalmente, com o crescimento dos mercados, as empresas também precisaram crescer e adaptar-se a novos padrões de demanda e produção. Por algum tempo, a questão da qualidade continuou sob controle da produção, a menina-dos-olhos dos donos dos negócios. Mas o mercado pisa mais fundo e perde, decididamente, a compostura. Nasce uma nova vocação, espécie de erva daninha, que encontrou terreno fértil e proliferou no caos: a empresa *marketing oriented*, em detrimento da empresa *product oriented*.

É verdade que, de certa maneira, sempre houve empresários que, intuitivamente, fizeram bom *marketing*, da mesma forma como faziam bons produtos. Pessoas com vocação para fazer as coisas bem-feitas e que não pensavam em substituir a qualidade dos produtos pela qualidade do *marketing*. A orientação para o *marketing profissional* é filha de uma circunstância de mercado ou do que se compreendeu como uma oportunidade de mercado, e não de uma vocação empreendedora ou de uma especialização produtiva. Foi nesse momento que a marca começou a deixar de ter a *cara do dono* e, em tese, passou a ter a *cara encomendada ao marketing*. Se isso, por um lado, significava uma violência contra certos valores e princípios, por outro, confiando-se no que diziam os novos *profissionais do êxito*, era um alívio, pois livrava os empreendedores do compromisso de sustentar a imagem de qualidade de seus produtos e serviços com o investimento em insumos sempre caros, num mercado em que o aumento da competitividade derrubava os preços ao consumidor.

Pode-se dizer que a condição *marketing oriented* é irmã gêmea da condição *money oriented*, embora, como costuma ocorrer às irmãs, muitas vezes se desentendam e, inclusive, se neguem. Contudo, esse parentesco fica mais claro no mundo globalizado. A orientação para o *money* terceiriza a produção, sem outro critério senão a identificação do melhor custo/benefício. Não importa se estará explorando o trabalho infantil ou a semi-escravidão. A palavra de ordem é resultado. Financeiro, fique claro. Por sua vez, a orientação para o *marketing* cuida do virtual, da construção de uma percepção da marca. Significa dizer que, hoje em dia, um escritório de cinqüenta pessoas pode, perfeitamente, administrar um negócio de bilhões de dólares. É o enterro definitivo da *cara do dono*. Afinal, as *formiguinhas* que estarão produzindo, em série, nos recantos mais pobres do mundo montarão mecanismos de relógios para qualquer marca de relógio, colarão solados de tênis para qualquer marca de tênis, costurarão roupas para qualquer *griffe*. A imagem de marca, por sua vez, será *construída* a milhares de quilômetros de distância da linha de produção, por gente que não tem a menor idéia de quem produz e em que condições produz. A imagem de marca será como um selo que é colado ao produto e nada mais.

O exemplo do nosso laboratório é uma prova da autoridade do *marketing* sobre o resto. Ao aceitar a proposta do "estímulo à automedicação" e desprezar a questão da "atualização da fórmula", seus profissionais mostram-se perfeitamente alinhados ao mais puro padrão *marketing oriented* e absolutamente distantes de qualquer compromisso *product oriented*. O próximo passo é a encomenda de um conceito de comunicação que terá como fórmula o uso da *emocionalidade*, já que o produto não se sustenta *racionalmente*. Como vemos, muitos tropeços éticos começam a ocorrer no momento em que se dá a partida para esse caminho sem volta. São circunstâncias que costumam gerar as mais genuínas expressões do que se costuma chamar de *criatividade*, num sentido aético. Aqui não se trata da criatividade a serviço da boa comunicação, inteligente, divertida e potencializadora de qualidades próprias da marca. Mas da criatividade que dissimula deficiências, por meio do apelo emocional ou (por que não?) da chantagem emocional. Na verdade, quem é capaz de insistir na comercialização de um medicamento de fórmula superada, portanto de eficácia duvidosa, não encontrará maiores barreiras morais no que se refere ao *marketing* e à comunicação. Quem trata o objetivo com despudor, não será no subjetivo que se mostrará pudico. Exatamente por seu caráter subjetivo, em *marketing*, dependendo do ponto de vista com que se olhe, qualquer idéia ou ação pode fazer sentido. Um *fazer sentido* que considera apenas duas áreas de interesse – marca e estratégia –, embora dependa do envolvimento de uma terceira – mercado – para obter o resultado desejado. A princípio, toda ação de *marketing* deveria atender a uma necessidade real de mercado. Como, no entanto, existe mais *oferta de marketing* do que necessidade real de mercado, não há espaço para um comportamento que respeite uma equação que contemple a lógica e a ética. Pelo contrário, assumir a *realidade* é negar o papel mágico consagrado ao *marketing*, como vem sendo interpretado. Nenhum profissional de *marketing* deixará de fazer recomendações que gerem movimentos de negócios. Ele é parte de uma cadeia. Quando a profissional de planejamento estratégico afirma "Temos de estimular a automedicação", ela está cumprindo seu papel na cadeia do *business marketing*. E aqui não há lugar para escrúpulos.

O *Dicionário de filosofia* de Nicola Abbagnano define "escrúpulo" como "hesitação em agir, por incerteza na avaliação da situação, por não se saber se a ação projetada é correta ou não". Em *marketing*, esses sintomas são sinalizadores inconfundíveis de insegurança. Quando perguntei aos profissionais de *marketing* do laboratório se estavam tratando de atualizar a fórmula do medicamento, revelei uma imperdoável *hesitação* diante da *necessidade* objetiva de resolver o problema no âmbito do *marketing*. Numa linguagem mais afeita à Chicago dos anos 30, *eu deveria saber o que fazer*. Como *souberam o que fazer*, por exemplo, os profissionais de *marketing* e comunicação que, em dezembro de 2000, veicularam na grande imprensa um anúncio do governo do estado de São Paulo que enaltecia o fato de se localizarem no Estado 22 dos 50 municípios brasileiros citados pelo Unicef como os que melhor se ocupam das crianças. É certo que, no caso de propaganda de governos, geralmente há pouco o que esperar em termos éticos. Mas o exemplo citado demonstra que mesmo governos de condutas tidas como modelares, caso das administrações de Mário Covas, podem ser vítimas de ciladas do pragmatismo despudorado do *marketing*. A única diferença, comparando-se com o caso do laboratório, é que o atentado aqui não é à saúde mas à inteligência. O nível de desinformação, ignorância e alienação das populações é seriamente considerado quando se trata de *marketing* político. Ele dá a medida do quanto se pode avançar no terreno do absurdo ou no enaltecimento do irrelevante. Provavelmente, pouca gente se terá dado ao trabalho de constatar, numa reflexão rápida, que 22 municípios em 50, numa lista que, de certa forma, define capacidade econômica e nível cultural, só poderiam mesmo pertencer ao Estado mais rico da Federação. Ou seja, o fato não pertence a um governo. É uma realidade histórica. O que ocorreu, então? Uma típica *solução* de *marketing*. Mário Covas sempre foi avesso à promoção daquilo que entendia como obrigação de governante. Com isso, construiu belíssima reputação entre os chamados *formadores de opinião*. Mas a falta de publicidade de seu trabalho impedia que a massa formasse um juízo positivo a seu respeito. Com a oposição criticando-o e sem difundir suas ações, ficava à mercê de toda sorte de julgamentos. Foi então que cedeu ao assédio do *marketing profissional* e deu esse atestado, absolutamente desnecessário, de que estaria subestimando a verdade dos fatos ou utilizando dados simplesmente sociogeográficos como obra sua. De onde nasceu a *idéia*, talvez nunca se venha a saber. Pode ter sido iniciativa de algum bajulador, adotada de forma oportunista pelos marqueteiros; pode ter sido uma percepção do próprio *marketing*, indiferente à falta de lógica, mas fixado apenas no *efeito psicológico* da informação, entendendo que, afinal, a afirmação não era mentirosa. Sim, não era mentirosa, mas não deveria ter sido tratada como propriedade de alguém ou própria de um determinado momento. Essa, porém, é uma questão ética que, por estar a estratégia de comunicação concentrada exclusivamente no *marketing*, deixa de ser relevante. Pode ser que Mário Covas só se tenha inteirado do anúncio pelos jornais e, quem sabe, nem tenha gostado da idéia. Aí, teríamos mais um caso típico em que a *cara do dono* foi desconsiderada. No afã de mostrar-se eficiente, muitas vezes o *marketing* pode atrapalhar.

O conceito *atrapalhar*, no entanto, é muito mais uma percepção de quem "está sendo atrapalhado" do que, necessariamente, um equívoco da ação de *marketing*. Com isso, não estou querendo dizer que o *marketing* seja, em princípio, um recurso antiético. O *marketing* é tão ético ou antiético quanto um faqueiro. Do faqueiro sai a faca que divide o pão ou apunhala o coração. Por isso é tão importante a marca ter seu código de valores originais sempre muito bem definidos, e que ele permeie a mentalidade de todos os que se relacionam com ela. A força dessa definição cristalina de propósitos é que faz a diferença entre *marca tradicional* e *marca artificial*. É claro que tradição está ligada a tempo. Mas, no sentido em que é aplicada aqui, tradição está ligada a confiabilidade. Confiabilidade que, por sua vez, é resultado de coerência do discurso empresarial que *faz sentido*, antes de tudo, para sua gente. Assentada nessa base consistente de princípios, no momento em que a marca recorrer ao *marketing* não será para perguntar o que deve ser, mas o que deve fazer para ser percebida em suas qualidades fundamentais. Infelizmente, cresce a cada dia entre os empreendedores o sentimento de que a falta de cultura em *marketing* significa inconsistência de objetivos. Por uma deturpação de valores, o *marketing* foi transformado em referência, quando, na verdade, deveria ser apenas um meio eficiente de condução da marca no sentido dos indicativos favoráveis que ela aponte, na busca de seu encontro com o mercado.

Toda vez que uma empresa sentir necessidade das ferramentas do *marketing*, seus responsáveis devem, na verdade, antes se perguntar se buscam no *marketing* uma complementaridade técnica que ajude a revelar, publicamente, uma imagem positiva da marca, consagrada em suas convicções, ou se desejam *encomendar* uma imagem que substitua a que eles mesmos têm dela. Nesse caso, o mais honesto é repensar, primeiro, o próprio negócio.

É muito fácil saber qual é a imagem da marca. A busca de uma metodologia complexa não raro disfarça o receio de aceitar indicativos inconvenientes, apontados pela experiência própria e pela intuição. Para nos certificar da imagem da marca, de maneira simples e clara, devemos, em primeiro lugar, descer de qualquer pedestal tecnicista para ouvir o que as pessoas têm a dizer. Não falo, necessariamente, de uma pesquisa de imagem. É pura reflexão e pode, perfeitamente, ser feita por alguém sozinho, entre quatro paredes. Aliás, não é preciso pesquisar para saber certas verdades. Normalmente, as pesquisas são feitas para saber o índice de comprometimento gerado pela mentira. Quando me refiro a ouvir o que as pessoas têm a dizer, significa, antes de tudo, *ouvir-se*. Todo empresário tem as respostas que definem a imagem de marca de seu negócio. Porque tem as respostas para as perguntas que faria a seus funcionários, a seus fornecedores e a seus clientes. O que, na verdade, ele não costuma fazer é formulá-las e responder a elas com absoluta sinceridade. As respostas são poucas, e bastante simples: "tenho vergonha de trabalhar aqui" ou "tenho orgulho de trabalhar aqui"; "prefiro fazer negócios com eles porque são corretos" ou "evito fazer negócios com eles porque não são sérios"; "sou cliente porque confio neles" ou "sou cliente deles porque não tenho alternativa" ou "jamais seria cliente deles porque sei de péssimas experiências"; "o produto/serviço é igual aos outros" ou "é melhor do que os outros" ou "é pior do que os outros" ou "não conheço direito". A partir da combinação de quatro dessas respostas, fica fácil definir um conceito. Como se vê, são respostas fáceis de obter, a partir da própria consciência, e que, seguramente, formam a base da percepção coletiva da marca. Afinal, as outras pessoas são tão pessoas quanto nós. Então, por que, por exemplo, estariam satisfeitas se nós sabemos que não lhes estamos dando motivos para isso?

Investir em *marketing* o que deixamos de investir em qualidade de produção ou no aperfeiçoamento das condições de trabalho é uma atitude fadada ao fracasso. Internamente, traduz-se num sinalizador de pouca seriedade nos negócios e em falta de respeito com os colaboradores. Externamente, as conseqüências dessa atitude serão percebidas na *qualidade* do produto oferecido ao consumidor ou do serviço prestado. Não podemos nos esquecer de que pessoas são responsáveis pela qualidade. Pessoas insatisfeitas e descrentes na marca perdem o compromisso de qualidade com ela. Mesmo que uma ação vigorosa de *marketing* tente provar o contrário, o conceito não *fará sentido* no *coração* da empresa. E o que não faz sentido não acontece. A qualidade de qualquer ação voltada para a produção dentro de uma empresa é estimulada por uma percepção. Percepção que, por sua vez, é resultado de ações que têm origem num único ponto: a qualidade do caráter de quem decide. Portanto, muito antes de o *marketing* entrar em campo, com sua missão específica de *vestir* a marca para o *baile de debutantes* do mercado, a *família* vai ter muito trabalho para formar a base de sustentação de sua imagem. E o princípio dessa formação é guiado pela clareza ao distinguir os valores perenes e insubstituíveis na definição da *índole* da marca e os comportamentos e definições adotados ocasionalmente e alinhados com tendências de mercado. Esse equilíbrio é o grande desafio com que as empresas vão defrontar, se conseguirem escapar da tentação fácil de atirar-se ao primeiro canto de sereia manifestado pelos modismos do *marketing*.

O *marketing* é um ser multiforme que se autoconsome e se autogera. Como foi dito antes, existe, na realidade, mais *oferta de marketing* do que *demanda de marketing*. E como o *marketing* responde a essa realidade? *Provando* o contrário: criando um *estado de marketing* em tudo o que se refere ao mercado. Mais: transformando tudo em mercado. Sendo tudo mercado, portanto, tudo vive um *estado de marketing*. Daí a prática arrogante de afirmações do padrão de *ou você faz ou você está fora*. Esse tipo de *slogan* que povoa livros *de aeroporto* e revistas de circulação obrigatória entre estudantes dos MBAs e da *nova economia* compõe o *marketing do marketing*. E só encontra tamanha repercussão porque tem na mídia um aliado poderoso e interessado. Para fazer uma idéia da *estreiteza* da visão do *marketing* vitimado por seu próprio veneno, veja-se que interessante caso ocorreu com importante cadeia varejista: ao perceber que a marca vinha perdendo clientes, seu proprietário contratou uma consultoria de *marketing*. Depois de uma análise da situação, a consultoria confirmou que, efetivamente, não havia nada de errado, em termos clássicos, com a estratégia de *marketing* da empresa. Sua comunicação era vigorosa e suas ofertas adequadas ao perfil do consumidor objeto do seu interesse. Foi então que os marqueteiros propuseram uma *ação* que chamasse a atenção para a marca, jogasse os holofotes sobre ela, *gerasse imprensa* e, ao mesmo tempo, se traduzisse numa atitude politicamente correta. E o que era essa ação? A doação de centenas de cobertores às pessoas carentes, que estavam por enfrentar um inverno rigoroso. A ação foi levada a efeito, teve seu significado em termos de mídia, provavelmente terá aportado algum valor social à marca, mas, a bem da verdade, não se converteu em resultados efetivos de vendas. A consultoria de *marketing* foi dispensada. E uma consultoria de recursos humanos, contratada. Realizada uma pesquisa interna, descobriu-se que a *ação de marketing*, embora beneficente, havia gerado um efeito devastadoramente negativo entre os funcionários da empresa. Motivo: todos passavam frio, durante o inverno, por não ganharem o suficiente para comprar cobertores como os que foram doados.

Ao abandonar a condição de *academia de ginástica* que colabora no fortalecimento de dotes do próprio *corpo* das marcas e contribui na correção de *posturas* empresariais, para se converter em *clínica de siliconagem* com a função de agregar *elementos* que entende como apropriados ao mercado, o *marketing* perde a intimidade com as marcas. No exemplo da cadeia de varejo, a perda do *cacoete* da busca da intimidade fica evidente. A consultoria de *marketing* procedeu *by the book* (como manda o figurino), depois de uma análise superficial e viciada. Provavelmente, *tudo indicava* que estavam certos. Estavam errados. Agora, revelada a causa, a solução parece de uma simplicidade humilhante. Mas não é bem assim: quando os funcionários de uma empresa que vende cobertores passam frio e seu proprietário aceita a *idéia* de uma *ação de marketing* que se propõe distribuir cobertores para comunidades carentes, e nem isso o faz lembrar-se da realidade interna, o problema transforma-se numa questão de *índole* empresarial. E exige uma revisão de conceitos éticos, coisa que, ao *marketing*, não vai ocorrer. É preciso compreender que o *marketing* deve ser a última etapa do processo da composição da marca e não o contrário, que é a expectativa que, contraditoriamente, se tem dele hoje em dia. Acreditar que se pode aportar carisma à marca apenas com ações de *marketing* é como acreditar que tudo se pode apenas enfiando a mão no bolso e retirando cédulas. É uma falsa impressão de poder, uma ilusão que pode gerar algum efeito imediato, mas, a longo prazo, só servirá para revelar e confirmar sua inconsistência. O problema é que o *longo prazo*, em tempos que exigem decisões rápidas, vem sendo preterido em favor de resultados imediatos, não importam os métodos utilizados para obtê-los. Nesse caso, como pode uma empresa tradicional, comprometida com sua história e com sua comunidade, enfrentar a concorrência de outra sem nenhuma tradição e sem nenhum outro compromisso que não seja demonstrar, em curtíssimo prazo, um balanço *apetitoso* e que desperte o interesse de algum *player*\*? O tempo dirá.

---

\* *Player*: investidor em determinado negócio.

Exatamente por ocorrer tudo muito rápido é que não se atenta para uma projeção mais cuidadosa do futuro. A dinâmica do presente só consegue imaginar uma dinâmica ainda mais veloz para o amanhã. É natural que seja assim, pois as análises estão impregnadas de *adrenalina*. A pergunta é: por que corremos tanto? E a resposta é: porque precisamos remunerar o capital investido. Com a queda dos juros, o investimento na produção voltou a ser uma alternativa interessante, e milhões de pessoas estão apostando no desenvolvimento de milhares de negócios, simultaneamente. E esses negócios precisam dar resultado a seus investidores. Daí o surgimento de um ciclo neurótico de exigências desmedidas. Exigências que são produto de uma paranóia causada pela teimosia em não ouvir o alerta do bom senso à ambição: é matematicamente impossível as coisas *darem certo* para todos. Resultado: como na Antiguidade, quando milhões de homens morriam trabalhando na conquista de novos territórios para seus reinados, hoje milhões de homens e mulheres aceitam sua *morte* como seres éticos trabalhando na conquista de mais mercado para as marcas. Centenas de cursos de administração de negócios, espalhados pelos continentes, ensinam profissionais a se odiarem, a se desprezarem, a se boicotarem, a verem no outro sempre um inimigo a ser derrotado, uma ameaça à sua oportunidade de vencer, de se superar, de ser o primeiro. Aprendem a saltar como tigres, a vislumbrar como águias, a suportar como super-homens, enquanto assassinam suas virtudes e seus melhores sentimentos como seres humanos. Como os soldados que serviam aos poucos reinos que concentravam o domínio das terras, nossos *soldados do business* estão a serviço das corporações que, fusão após fusão, concentram cada vez mais poder sobre os recursos vitais do planeta. Estão em guerra, como se não fosse possível ao homem viver sem alguma espécie de guerra.

A questão é: qualquer que seja a atitude que tomemos para com os negócios, ela jamais será isolada e restrita ao âmbito de nossos interesses imediatos. Sempre terá conseqüências de ordem prática na construção da imagem de nossa marca. E contribuirá na definição de uma ideologia, de um código de conduta, de uma crença que servirão de referência a todos os que gravitam em torno da marca, pelo menos no que se refira à própria marca. É verdade que por alguma razão, que custo a entender, o mundo do *business* a cada dia se distancia mais da filosofia, como exercício de reflexão descondicionada. "Minha filosofia é grana no bolso", apregoava um empresário que conheci. Outro dizia ou, como queria, *filosofava*: "A motivação do homem é o lucro." Um velho e famoso advogado do interior do Rio Grande do Sul contraiu câncer e foi desenganado pelos médicos. A primeira coisa que fez foi gastar, em viagens, todo o seu dinheiro. Para sua surpresa, salvou-se. "E agora, sem dinheiro, o que vai ser?", perguntou a esposa. E ele: "Agora, tudo é lucro." Voltou a advogar, num escritório modesto, mais motivado do que nunca. Quero dizer, o conceito de lucro é relativo. Para o ex-canceroso, lucro é não ter morrido, é cada dia de vida ganho. Acredite, a filosofia é boa para os negócios; momentos de pura reflexão, descondicionada do *business*, dos *modelitos bem-sucedidos*, podem ajudar a marca muito mais do que consultores com seus discursos *na ponta da língua*, com suas respostas-padrão para tudo, com suas gesticulações teatrais, bons vendedores que são. Gastar certo tempo buscando *sentir* verdadeiramente o que ocorre, em vez de conformar-se com a leitura de interpretações técnicas, ou tentando *contrastar* a realidade com equações arranjadas para fazer a glória de *pensadores* da *business administration*, pode fazer a diferença em momentos delicados.

Diante de uma recomendação aparentemente óbvia, você pode ter duas atitudes: segui-la ou questioná-la. E uma boa opção é perguntar: quem faz a recomendação *sentiu* o problema verdadeiramente ou está apenas seguindo exemplos de *sucesso* evidente? Certa vez, testemunhei o diálogo de duas moças, caixas de uma grande rede de supermercados: queixavam-se de estar sendo exploradas por terem de cumprir horários absurdos. Minha presença não as desencorajou; pelo contrário, parece que tinham uma satisfação especial em *vingar-se* do patrão, ao desmentir o *slogan* da empresa, no qual foram investidos milhões de dólares: lugar de gente feliz. Lembre-se: as pessoas não costumam acreditar nas versões oficiais. No entanto, elas são oficiais! E, por isso mesmo, uma "banana" para elas.

Nada é mais oficial do que a marca. E é exatamente contra essa condição desconfortável que temos de defendê-la, todos os dias. O que isso significa? Que conceitos não se decretam; conceitos nascem e florescem, com a mesma naturalidade de um lírio. Portanto, como um lírio precisou de certas condições, um conceito de marca também precisa de condições adequadas para *criar-se*. Ao longo da vida, percebi que, se certos empresários tratassem suas marcas (e aí compreenda-se a condução de seus negócios, incluindo a lida com seu pessoal, fornecedores e clientes) com o mesmo carinho que dedicavam a seus gatos ou cães, as coisas seriam diferentes e muita economia poderia ser feita. Não é diferente cuidar do gato e cuidar da marca. Senão, vejamos: o que faz com que tenhamos aquela sensação de relaxamento quando coçamos o pescoço de nosso gato, mesmo aparentemente distraídos, fazendo, simultaneamente, outra coisa? É a certeza da efetividade de nosso gesto *sentimental*. O gato ronrona, fecha os olhos, corresponde ao movimento de nossa mão e nossos dedos e, assim, encerra-se uma troca. No mundo do *business*, não acreditamos na eficiência de gestos *sentimentais*, embora muitas vezes a intuição nos deixe desconfiados de que eles poderiam ser eficientes. Mas não! Não podemos demonstrar *fraqueza*, somos homens de negócios frios, duros, objetivos. E a generosidade não deve passar de um lançamento contábil, muitas vezes dedutível do imposto de renda. Por isso, enquanto acariciar o gato é *relax*, cuidar da marca é *stress*. Explica-se: o mundo do *business* é um mundo de prevenções. Prevenção com a concorrência, prevenção com as reivindicações e a indisciplina dos empregados, prevenção com o preço dos fornecedores, prevenção com certas *ingenuidades* na lida com o dinheiro etc. Com tanta necessidade de prevenção, que tempo resta para *relaxar* e tratar da marca com o mesmo *calor* com que se acaricia o gato?

Será mais fácil imaginar que acariciamos uma pantera. Sempre se dirá, no entanto: paciência, é o preço do sucesso. E se desenrolará uma lista de empresas vitoriosas, orientadas pelos mais modernos princípios da *business administration*, esquecendo-se, naturalmente, da quantidade inimaginável de empresas, também orientadas pela *business administration*, que foram para o buraco.

O *marketing* deve adaptar-se à marca, e não a marca ao *marketing*. Sempre digo a meus clientes: vocês são a autoridade aqui, não eu. Eu só vim trocar uma lâmpada queimada. Cabe a vocês me dizerem onde ela está. Infelizmente, muitos consultores de *marketing* já chegam afirmando que as lâmpadas precisam ser todas trocadas, sem saber quais estão queimadas e se efetivamente estão queimadas. Porque o *marketing*, hoje em dia, vive de vender lâmpadas. E não luz. Tratar da marca é tratar de um órgão vital do negócio, exige cuidado, responsabilidade, compromisso. Nenhum médico sério receita algo sem, antes, fazer um exame no paciente. E todo exame começa com uma entrevista. E qual é o maior propósito da entrevista? Inteirar-se de quanto o cliente cuida de si mesmo. Conforme o grau de atenção que cada um der à própria saúde, o depoimento do paciente vai orientar o médico numa série de aconselhamentos, antes de receitar qualquer medicamento. Talvez não prescreva remédio algum. Assim deveria ser com relação ao *marketing*.

Consultorias de *marketing* não deveriam se comportar como desentupidoras, que chegam com seus caminhões, cabos e ganchos, certas do que têm de fazer, certas de que há um cano a desobstruir. O *marketing* lida com aspectos subjetivos, com percepções, resultantes de sentimentos variados. Qualquer profissional consciente sabe que é muito difícil avaliar *quadros clínicos de marketing*. Mas os cursos de *business administration* só aprovam quem tiver uma resposta inteligente na ponta da língua para qualquer *problema* que se apresente. O professor canadense Henry Minutzberg, em entrevista a Daniel J. McCarthy, reproduzida pela revista *Exame*, diz a certa altura: "[...] pede-se aos alunos que leiam vinte páginas sobre uma empresa da qual nunca ouviram falar. Logo em seguida, já começam a dar palpites. Se um deles disser 'nunca estive nessa fábrica. Não conheço seus produtos, portanto recuso-me a responder à sua pergunta. Este exercício é superficial', esse indivíduo será reprovado. Estamos treinando as pessoas para dizer uma porção de bobagens sobre coisas que não conhecem. Trata-se de algo completamente não funcional". Isso, certamente, explica a pronta resposta de nossa jovem planejadora de *marketing*, freqüentadora de um curso de MBA, ao laboratório farmacêutico: "Temos de estimular a automedicação." Quando o professor Mintzberg fala de "coisas que não conhecem", não está falando do objeto do curso, algo que os alunos conhecem muito bem, como fez a nossa planejadora, ao dar uma resposta absolutamente *by the book*. Na verdade, as coisas que eles não conhecem não são contempladas no curso. São resultado de uma consciência construída no exercício da sensibilidade, na abertura para a contemplação descondicionada, no estímulo da intuição e na prática contínua da reflexão. Certamente, assuntos demasiadamente subjetivos para interessar a preenchedores de planilhas e montadores de *datashows*\* — fundamentais, porém, para a sobrevivência de uma marca saudável.

J. P. Morgan, um dos mais bem-sucedidos banqueiros da história, dizia a quem quisesse ouvir: "A coisa mais importante é o caráter. Antes do dinheiro ou de qualquer outra coisa." E, assim, construiu uma das marcas de maior reputação no mundo, um signo de excelência que, enfim, simboliza o ideal de todas as marcas.

---

\* *Datashow* é uma apresentação em Powerpoint.

# Que fazer para transformar a MARCA num signo de excelência?

# Compreender que a excelência é uma utopia

A sabedoria popular ensina que ninguém é perfeito. Aliás, se tratássemos de dar mais bola para a sabedoria popular, pouparíamos um bocado de dinheiro, normalmente despendido em consultorias. Saberíamos, por exemplo, que o estado de excelência é a perfeição, o processo acabado, o fim. E o fim é a morte. Sem dramas, no entanto: o fim (morte), como condição extrema de excelência e perfeição, é o estado de graça, é a gloriosa conquista da mais completa purificação. Quando buscamos uma imagem de excelência para nossa marca, na verdade queremos livrá-la de máculas. Lembram de Maria Imaculada, Nossa Senhora? Imaculada, sem máculas, sem manchas, sem pecados. Segundo a religião católica, a mais virtuosa de todas as mulheres. É possível conseguirmos que nossa marca seja um signo de excelência calcados em virtudes indiscutíveis? Parece difícil. No entanto, não é por isso que devemos desistir: a solução está exatamente na busca permanente que jamais alcançará o seu fim. É essa ação contínua que vai gerar uma percepção de estado de excelência. Compreendem? É o bom e velho trabalho. Nesse propósito, cadenciado por uma ideologia.

Mais claro, menos filosófico: a busca da excelência nunca termina e precisa ser alimentada permanentemente. Planejar a busca da excelência é muito mais do que um desencargo de consciência. Quero dizer, não adianta discursar no dia 2 de janeiro: este será o ano da produtividade. E, em seguida, contratar uma porção de *especialistas motivacionais*, promover cursos e *workshops*, com joguinhos de cabra-cega, esparramar pela empresa *pôsteres* com um *gimmik*\*, geralmente ridículo, e uma frase ufanista para a qual ninguém dá a menor pelota, e promover um festival de gritos de guerra. Não adianta: as pessoas não são assim. A motivação desses eventos dura o tempo exato em que as pessoas estiverem livres para trabalhar naquilo para o que são pagas. O que, a princípio, já é uma contradição: as pessoas devem estar motivadas para aquilo que são pagas para fazer.

---

\* *Gimmik* é um símbolo gráfico, normalmente criado para representar uma ação promocional específica.

Pense comigo: em vez de contratar *consultores motivacionais* de vez em quando, não será melhor investir em bons líderes, para sempre? Gente capaz de motivar no dia-a-dia? E você, por acaso, não será um deles? E, nesse caso, não será capaz de formar uns tantos outros, garimpados entre sua própria gente?

Antes de tudo, as pessoas precisam ser entendidas. A pergunta é: você entende o seu pessoal? Sim, as pessoas são complexas, diferentes umas das outras, surpreendentes: as boas, muitas vezes, são as mais débeis, conformadas, pouco produtivas; as más, por outro lado, quem sabe, têm mais iniciativa, são mais argutas. Desconcertante. O que conforta, por outro lado, é pensar que, por incrível que pareça, é só por isso que há esperança de criar um estado de excelência, baseado na busca da excelência. Quero dizer, é graças ao caos que há chance de ordem. Para os filósofos, o caos é "o estado de completa desordem anterior à formação do mundo e a partir do qual se inicia tal formação [...]". Immanuel Kant indicava o caos como "o estado original da matéria, de que os mundos depois se originaram". O que isso quer dizer? Que os elementos do caos são os elementos da ordem. Que os ingredientes do caos são os ingredientes da criação. Sem tirar nem pôr. Ótimo. O seu pessoal, complexo, contraditório, instável, *caótico*, compõe as peças fundamentais do jogo da excelência. Saber movimentá-las é uma questão de sabedoria.

Quando você *importa* uma solução externa, na verdade procura um elemento aglutinador, uma bandeira, uma ideologia sob a qual as pessoas marchem rumo à excelência. Isso revela que havia uma debilidade ideológica. E se há uma debilidade ideológica você não tem muita certeza do que faz. Na verdade, adota um modelo. Pergunto: você acredita mesmo que a *esperança de excelência* de sua marca está em joguinhos motivacionais padronizados? Vejamos: as atividades motivacionais, normalmente, são baseadas em analogias. Por quê? Porque sua elaboração parte do princípio de que as pessoas *não entendem* as coisas como realmente são. Ou, quem sabe, não alcançam o seu *valor*. As analogias buscam inspirar: "Veja o tigre, como espreita, concentrado, e então salta, preciso, sobre a presa!" Gostaria que alguém perguntasse: "E eu com isso? Não sou tigre, sou gente. Sou capaz de pensar e agir de forma diferente, diante de situações iguais." Aceitemos: nenhum caminho conduzido pela subestimação da sensibilidade das pessoas é o caminho da excelência. Nenhum caminho que solicite tigres, águias, serpentes, em lugar de homens e mulheres, para ser trilhado com sucesso é o caminho da excelência. Jogos motivacionais trabalham a sensibilidade superficialmente e criam comportamentos artificiais. Diferentemente, o estímulo à intuição intelectual *transforma* a partir da descoberta de potencialidades próprias. Friedrich Schelling, filósofo alemão, afirmava que "na intuição intelectual, o homem descobre que o que encontra no fundo de sua introspecção é mais do que ele mesmo, ou seja, o absoluto, o próprio divino". Que empresário não gostaria de contar com essas *características* em seu pessoal? Sim, mas como, se nenhum curso de administração, nenhum jogo motivacional, nenhuma técnica de recursos humanos trabalha a introspecção? Pelo contrário, a impressão é que palestras e *workshops* são programas de auditório. As pessoas são permanentemente estimuladas a ficar *ligadas*, como se essa forma de agir se traduzisse em maior capacidade competitiva. Na verdade, o princípio que conduz as atividades motivacionais quer que modelos de ação e reação, instintivos, sejam transformados em atitudes inteligentes e produtivas. Da mesma forma que acredita que o desenvolvimento de uma mentalidade objetiva e cartesiana se traduz em qualidade e produtividade. No entanto, quero crer que nenhum caminho que exija soldados e guerreiros, duros, frios e insensíveis a sinalizadores dos próprios limites e dos limites dos outros é o caminho da excelência. Não acredito em forja para a excelência.

> Os calos não são as superfícies mais adequadas para experimentar sensações externas. Então, por que desenvolver calos?

A excelência *não é uma construção, mas uma revelação. É muito mais um trabalho de escultor do que de pedreiro*. Michelangelo costumava responder aos que, deslumbrados, perguntavam como ele era capaz de realizar esculturas tão belas dizendo que apenas retirava dos blocos de pedra o seu excesso. O objeto já existia em seu interior. Será isso então a busca da excelência? Um retirar e não um aportar? Quem sabe não será um retirar que também aporta? Por exemplo: ao retirar-se um obstáculo da frente de uma planta, isso permite que ela receba sol e se desenvolva. Desenvolva-se, ou seja, que libere potencialidades próprias. As *coisas* já estão lá. As qualidades já estão nas pessoas. E não nos tigres e nas águias. Da mesma forma que o sol gerou a energia que potencializou as qualidades da planta, as pessoas e seus sentimentos são os geradores da energia que potencializa as qualidades das outras pessoas.

É preciso, de vez em quando, levantar a cabeça para *ver* que vivemos tempos de grande *intoxicação* de informação. É o excesso de pedra no bloco. Ao transformarmos nosso hábitat em *mercado*, ele passou a ter regras próprias, muitas vezes antinaturais. Os conceitos de qualidade humana precisaram ser adaptados. A virtude, como entendia Voltaire, era simplesmente "fazer bem ao próximo". Os estóicos, por sua vez, a definiam como "uma disposição da alma coerente e concorde, que torna dignos de louvor aqueles em quem se encontra e é louvável por si mesma, independentemente de sua utilidade". Ou seja, compreendia-se a qualidade por ela mesma, por princípio, por ideologia, "independentemente de sua utilidade". Já o mercado só define valor no que está inserido nas relações de oferta e demanda. É puramente utilitarista. Por isso as pessoas se atiram, desesperadamente, em busca da formação de uma mentalidade voltada para o mercado, de uma reeducação para uma *cultura* de mercado. Faz sentido que seja assim. Como se trata de mercado, tudo vira cotação, todos buscam cotar-se para sobreviver. O problema se dá quando essa idéia de valor, de mera aplicação temporal, substitui os *valores da virtude* ou os valores morais que deveriam ser perenes. Será ingênuo levantar questões morais quando se trata de mercado? Como o processo de fazer da marca um signo de excelência deve lidar com isso? É preciso coragem para enfrentar a maré.

Reconheço: não vai ser fácil juntar seu pessoal e dizer: "Senhores e senhoras, a partir de hoje, começamos a busca utópica de um padrão de excelência, para o qual deveremos dedicar todos os nossos esforços; a finalidade será gerar uma percepção de excelência na dinâmica que utilizamos como meio de atingir a excelência." Um nó. No entanto, se cada um de seus colaboradores estiver consciente de que assim se dá, particularmente, em suas vidas, a recomendação não parecerá contraditória. Em primeiro lugar, é preciso ter claro que

> **não existe dicotomia entre vida pessoal e vida profissional.**

A vida profissional é vida pessoal. Toda a vida vivida pela própria pessoa é vida pessoal. Isso quer dizer que só é possível exercer vida profissional como vida pessoal.

Qualquer outra visão não tem sentido, é antinatural, falsa, não funciona (ou, em administração, não é funcional; lembram-se de quando o professor Mintzberg, em sua entrevista, refere-se aos cursos de MBA como *não-funcionais*? E por que são *não-funcionais*? Porque são antinaturais. Ou seja, em vez de potencializar qualidades positivas, próprias do ser humano, buscam criar novas características, não necessariamente humanas, e menos sujeitas às limitações de cunho moral). Quando disse, no início deste parágrafo, que o *nó* aparentemente difícil de desatar (produzir um estado de busca de excelência inatingível e, com isso, gerar uma percepção de excelência para a marca) pode ser perfeitamente desatado pela sensibilidade (pelo coração ou pelo *lado coração* do cérebro) de seus colaboradores, parto do raciocínio de que é *assim que as pessoas são e vivem*: geram uma percepção de si mesmas, a partir do exercício de suas qualidades. Boas pessoas praticam coisas boas e deixam boas impressões; más pessoas praticam coisas más e deixam más impressões. Uma dinâmica que dura enquanto a pessoa está viva. Não existe um objetivo final. Apenas uma conseqüência corrente.

Tomemos o caso dos santos. Nunca existiram MBAs para formar santos, no entanto homens e mulheres se tornaram e se tornam santos, condição de imagem *muito mais ideal* do que qualquer outra que alguém possa buscar na vida. É a mais perfeita definição de *eficiência*. Mesmo que não acreditemos em santos, somos capazes de entender o conceito de *santidade* como uma referência de excelência. Pensemos: o que fizeram os homens e as mulheres que se tornaram santos diferentemente das outras pessoas? Simplesmente renunciaram a tudo o que não fosse amor. Em nosso caso,

> a busca de excelência também é uma condição de renúncia: renúncia a tudo o que não seja verdade.

Platão definiu como verdadeiro "o discurso que diz as coisas como são; falso é aquele que diz como não são". Aristóteles, por sua vez, dizia: "negar aquilo que é e afirmar aquilo que não é é falso, enquanto afirmar o que é e negar o que não é é a verdade". E Rousseau, que já citei antes: "A verdade não reside primariamente no pensamento, mas no sentimento, na intuição imediata, na certeza do coração. Não quero, aqui, entrar em considerações metafísicas que transcendam nosso horizonte e, no fundo, não levem a nada. Não queria filosofar, queria ajudá-los a consultar seus corações." Fixemo-nos em Platão e Aristóteles, que tratam a questão da verdade com uma crueza, digamos, mais afeita ao mundo dos negócios. Quando Platão fala das coisas *como são* ou das coisas *como não são*, nos dá um sinalizador básico para evitarmos os descaminhos da ilusão. Quando Aristóteles fala do *que é* e do *que não é*, também não deixa margem para discussões subjetivas. No entanto, lá no fundo, sabemos: é Rousseau, com as *certezas do coração*, quem nos fornece o instrumento que vai dar a *garantia* de que necessitamos para tomar o rumo correto. Daí a necessidade de dividir essa reflexão em dois momentos: o primeiro, que ocorre enquanto estamos em busca da racionalização, de um ponto de partida, friamente *demonstrável* (acionistas não costumam sensibilizar-se com demonstrações de emotividade); e o segundo, que diz respeito ao encontro com o outro, em que, fatalmente, estarão presentes ingredientes emocionais. Na introspecção, entramos em contato com a verdade absoluta, cristalina. Lembram quando, em dado momento, eu disse que podíamos fazer uma *pesquisa*, absolutamente confiável, sobre nossa marca sozinhos, entre quatro paredes? Para uma das questões, as respostas eram: "Tenho vergonha de trabalhar aqui" ou "Tenho orgulho de trabalhar aqui". O que é *vergonha*, para esse efeito? É o desconforto moral da mentira. E *orgulho*? O conforto moral da verdade. Isso explica

> a principal causa de *stress* no trabalho: o desajuste entre conceitos éticos próprios e os do ambiente profissional.

Construir excelência é, antes de qualquer coisa, proteger a marca. E esse processo tem início na proteção das convicções das pessoas que lidam com ela. Ou seja, as pessoas que lidam com a marca precisam saber que os motivos por que foram requisitadas ou aceitas para isso são relevantes, dignos e coerentes com a ideologia da marca. (Não existe pior sentimento *funcional* do que a impressão de descartabilidade. Descartabilidade é pior do que instabilidade. Enquanto a instabilidade é *temporal*, apenas contingência de mercado, a descartabilidade é *crônica*, ou seja, reveladora do caráter empresarial.) Quando a marca não está impregnada de ideologia, ela é débil em termos de personalidade. Isso, muito pior do que se tornar um dificultador do desenvolvimento de um conceito de *marketing*, *esvazia* a expectativa de seus colaboradores de compartilhar um ambiente sustentado em premissas que indiquem rumos ou sugiram *contrastes ideológicos* que permitam a cada um situar-se. A marca sendo débil em termos de personalidade, a relação com seus colaboradores será apenas mercenarista. E uma relação mercenarista é limitada como compromisso de paixão. Nesse sentido, é bom ter claro que a condição de descartabilidade é uma via de mão dupla. Empresas que, por falta de consistência ideológica, dificultam o estabelecimento de relações profundas com seus colaboradores recebem o troco na mesma moeda: circunstâncias meramente utilitárias – pequena melhoria de salário (às vezes, um salário igual num ambiente mais interessante), proximidade de casa, qualidade de um plano de saúde – podem fazê-los mudar de endereço profissional sem pensar duas vezes.

É um engano acreditar que a qualidade da administração se define na objetividade competitiva: pagar mais não significa, necessariamente, contar com os melhores profissionais. O maior defeito do *mercadismo* em vigor é, exatamente, subestimar sentimentos. A administração voltada exclusivamente para o mercado não consegue ponderar sentimentos, não consegue lidar com a subjetividade; precisa converter tudo em números que permitam, num processo contábil, desenhar um quadro de viabilidade econômica de qualquer projeto empresarial. É a verdade dos números, a única, efetivamente, aceita pelo mercado e capaz de aglutinar gerentes. Ora, isso é primário e desestimulante, em todos os sentidos, quando se trata de construção de marca, um trabalho que deveria estar impregnado de ideologia, filosofia e um firme compromisso de estabelecer laços de paixão verdadeira entre todos os envolvidos.

Lembram-se dos conceitos básicos de excelência e utopia? Se considerarmos que excelência é utopia, só existe um jeito de experimentar um *estado* de excelência: a busca da excelência inatingível. É viver a utopia. Os personagens mais exemplares da história viveram *estados* de excelência, em busca da Excelência utópica. Madre Teresa de Calcutá é um caso. Qual era a *empresa* de Madre Teresa de Calcutá? Antes, compreendamos o significado primeiro e maior de "empresa", segundo o *Michaelis*: "Ação árdua e difícil que se comete com arrojo" (naturalmente, existem outras dezenas de definições para a palavra, mas esta é a original, a mais própria). Compreendamos, também, a explicação para "utopia", segundo o *Dicionário de filosofia* de Nicola Abbagnano: "Thomas More deu esse nome a uma espécie de romance filosófico (*De optimo reipublicae statu deque nova insula Utopia*, 1516), no qual relatava as condições de vida numa ilha desconhecida denominada Utopia: nela tinham sido abolidas a propriedade privada e a intolerância religiosa. Depois disso, esse termo passou a designar não só qualquer tentativa análoga, tanto anterior como posterior, mas também qualquer ideal político, social ou religioso de realização difícil ou impossível." A *empresa* de Madre Teresa era *doar-se a uma vida de amor*. Era uma "ação árdua e difícil" porque se traduzia em sacrifício. Era praticada com "arrojo" porque exigia coragem e determinação. Mas era também utópica porque "de realização difícil ou impossível". Podemos ir além, a Cristo. Nada mais *empresa* e nada mais utópico do que seu propósito maior. No entanto, guardadas as proporções, Madre Teresa e Cristo viveram uma vida de *excelência*. O que é completamente diferente de *atingiram ou alcançaram um estado de excelência*. Na verdade, *eram* no *estado de excelência*. O que implicava que fossem dotados de virtudes que os conduziam a um determinado comportamento, sempre coerente com suas virtudes. Havia retidão em sua conduta. E toda retidão é guiada por um indicativo: a ideologia. Assim,

> o *estado de excelência* da marca, traduzido em *percepção de excelência*, é resultado de uma condução *reta*, guiada por uma *ideologia*.

O mercado é a vocação da marca. Mas o mercado não é tudo. A marca vai precisar de muito mais do que o mercado para sobreviver. O doutor Henrique Schützer Del Nero, em *O sítio da mente*, afirma que "fosse o mercado o senhor das decisões sobre a ciência e estaríamos até hoje com a mecânica geocêntrica, muito mais adequada em sua época para certos cálculos, enquanto a nova teoria, heliocêntrica, ainda falhava em alguns deles. Se tivéssemos tido uma comissão de departamento de vendas a julgar os dois produtos, geocentrismo e heliocentrismo, lá pelo século XVII, não teríamos saído do lugar. Os consumidores, entre outros a Igreja, teriam ficado bastante mais satisfeitos com a eliminação daqueles produtos novos. [...] A idéia de que o sucesso define a estrutura de produção é pérfida e pode criar o elogio da ignorância e do atraso por detrás de um manto de sucesso de produto". Marcas líderes não estão, simplesmente, ao sabor do mercado. Marcas líderes, muitas vezes, dão rumo ao mercado, estabelecem hábitos, descobrem ou formam novos nichos de consumidores, ou seja,

**marcas líderes estabelecem padrões, definem critérios, indicam caminhos.**

# Compreender que o fator humano não é só importante; é tudo

Nada acontece, nada se move, nada se altera em uma empresa sem que alguém faça a coisa errada ou alguém faça a coisa certa. Não existe nenhuma solução para o desenvolvimento de imagem da marca que não interfira ou não sofra a intervenção desse processo. E esse processo, constituído de cada gesto, cada movimento, cada palavra, falada e ouvida, é conduzido por *estados de consciência*. Sentimentos que manifestam exatamente o que a marca significa para cada uma das pessoas envolvidas com ela. E que geram as reações que, encadeadas, promoverão as transformações da marca, num processo contínuo. Por isso, é um grande erro acreditar que a definição da imagem da marca é uma informação a ser, simplesmente, assimilada por seus colaboradores. Eles, na verdade, são as células que compõem os órgãos vitais da marca. Por mais que a mente deseje, não vai curar um mal do fígado; pode, no máximo, despertar um *estado de consciência* que leve ao médico e à medicação.

Conheci uma empresa cujo dono contrariava completamente esse raciocínio. Julgava-se tão auto-suficiente que entendia que suas afirmações a respeito da marca traduziam exatamente a percepção de todas as outras pessoas. O que não era verdade. Enquanto ele se ufanava da marca, as pessoas duvidavam dela. Essa dicotomia o obrigava a *provar* que estava certo, gerando mais e mais faturamento para a empresa. Como o seu critério não era de qualidade, mas de resultado, esse faturamento correspondia a mais e mais condições impróprias de fazer negócios, por meio da mentira e da corrupção. Mas a ele não importavam os meios: ao final do exercício, tinha um balanço positivo para mostrar, prova indiscutível da imagem de sucesso da marca. Por outro lado, na mente das pessoas corrompidas, externamente, e daquelas que, internamente, participavam desse processo de corrupção, a marca sofria uma poderosa e irreversível ação corrosiva. O resultado é que a empresa, como um viciado irrecuperável que precisa cada vez mais da droga, precisou radicalizar seus métodos para obter sempre resultados numéricos, graças a práticas antiéticas, a ponto de todos os seus negócios serem assim. Precisou pagar salários cada vez mais altos a gente com espírito mercenário e, aos poucos, afastou os profissionais de melhores dotações morais, aglutinando pessoas de péssima índole. Como vemos, o sucesso é relativo. Sempre vai depender de que tipo de sucesso estamos falando.

> Podemos construir uma fortuna destruindo uma reputação. Ou construir uma fortuna e, junto com ela, uma péssima reputação. Ou, ainda, construir uma fortuna e uma bela reputação. É uma questão de escolha.

Quando digo que o fator humano é tudo, entenda-se que não há nada mais importante do que o sentimento das pessoas. Pessoas podem transformar uma péssima localização num lugar de peregrinação. Pessoas podem transformar um ponto central, bem localizado, num lugar a ser evitado. Pessoas podem convencer outras a pagar um pouco mais caro. Pessoas podem fazer outras não se sentirem recompensadas por pagar menos. Pessoas podem fazer com que a realidade confirme a publicidade. Pessoas podem desmentir a publicidade. Pessoas constroem marcas. Pessoas destroem marcas. E o que leva pessoas a construir ou destruir marcas? O fato de as coisas *fazerem ou não sentido* para elas. O sentimento de *verdade*. O resultado do *contraste ideológico* entre elas e a marca. Ou seja, no *ambiente* da marca, ela identifica-se ou se violenta. E esse sentimento será o propulsor de suas atitudes, *a favor ou contra* os objetivos mercadológicos. Portanto,

> **no sentimento das pessoas está a maior vulnerabilidade ou a maior garantia da marca.**

A qualidade de sentimentos *individuais* estabelece a qualidade de sentimentos *compartilhados* e, em conseqüência, gera uma qualidade de sentimentos individuais nos outros sobre o objeto de que se tratou e que, por sua vez, serão também compartilhados. A marca vaga ao sabor desses *estados* humanos. Pessoas felizes geram uma percepção conceitual de *felicidade* a respeito da marca; pessoas infelizes geram uma percepção conceitual de *infelicidade* a respeito dela. Ao compreender e aceitar que nada acontece com a marca sem que alguém faça a coisa certa ou alguém faça a coisa errada, e que esse *certo* e esse *errado* são decorrências de *estados sentimentais*, fica evidente a necessidade de fazer da proteção aos sentimentos das pessoas que compõem a *comunidade da marca* a proteção da própria marca.

> **Proteger sentimentos é, antes de tudo, evitar sentimentos contraditórios.**

As pessoas acreditam, ao ser incorporadas à *comunidade da marca*, que esse fato é decorrência de suas qualidades técnicas e éticas. E transferem o sentimento gerado pela percepção do reconhecimento das próprias qualidades para a marca, estabelecendo uma troca imaginária de *virtudes*. Isso pode identificar o início de uma relação profunda e promissora. Porém, desmentido, também pode ser o primeiro passo para a decepção. As equações são, a princípio, muito simples. A primeira revela um sentimento positivo: *se fui aceito por minhas qualidades, é porque há aqui qualidades como as minhas*. Mas pode converter-se numa dúvida terrível: *fui aceito por minhas qualidades mas não encontro aqui minhas qualidades, senão outras, antagônicas; mas, se fui aceito, terei mesmo aquelas qualidades ou serão então estas, antagônicas, as que eu de fato tenho?* E pior: *enfim, se o que me cabe é isso, é porque é isso o que devo merecer e é a mim que isso que me cabe deve, por sua parte, merecer.* E forma-se uma espiral descendente de descrença e desrespeito. Para que esses dois últimos estados de coisas sejam evitados, são necessárias duas condições básicas:

1. que o *berço* da marca seja, efetivamente, um ambiente ético;

**2.** que aqueles que decidem, no *ambiente da marca*, sejam pessoas sensíveis aos *sentimentos dos outros*.

Tratar, sem preconceitos, dos sentimentos humanos no mundo dos negócios é o primeiro desafio de *quem decide* no *ambiente da marca*. Sem preconceitos, nesse caso, pode ser definido como independente da *ditadura do mercado*. E como é essa história de estar no mercado, depender do mercado e, ao mesmo, ter de pensar com independência em relação a ele? Significa ter bom senso para estabelecer limites para as *leis* do mercado. É claro que o mercado tem seus métodos, seu senso prático, suas regras, que visam tornar as operações rapidamente compreensíveis para todos. No entanto, trata-se apenas da *forma*. Por isso, não pode impor-se como *princípio*. O *princípio* que deve reger o mercado é o mesmo que rege, *originalmente*, qualquer relação entre as pessoas. Quero dizer, o mercado não é um *ser autônomo*, em condições de sobrepor-se às melhores características tipicamente humanas. Seria uma deturpação, seria *o mercado-deus*, o *mercado-regente*, ao qual a *condição humana* se submeteria, irracionalmente. Aceitar uma condição dessas significa a renúncia do homem a si mesmo, em favor de um ente *inventado* por circunstâncias.

O mercado não é substantivo, é circunstância. O homem, ao contrário, é substantivo e *perene*. Seu *crescimento* se deu, exatamente, pelo desenvolvimento da capacidade de *amar*. E *amar* significa, para esse estudo, *perceber no outro razão desinteressada para cuidado*. Definição absolutamente inaplicável ao mercado, por antagônica. Quando os programas de formação em *business administration* buscam exemplos de comportamento em seres irracionais, isso se dá, exatamente, porque pretendem exigir de seres humanos comportamento ético incompatível com sua *espécie*. Pode-se dizer, portanto, que a *evolução* proposta pela *business administration* é o que ela compreende como evolução para o mercado, incompatível com a *evolução humana*. Por outro lado, no entanto, o mercado, originariamente, não é uma aberração, do ponto de vista humanístico. É uma organização democrática, em que o homem troca o produto de suas habilidades e sobrevive delas. O que ocorreu como aberração foi a evolução de uma agressividade inconseqüente, baseada na impunidade que a concentração de poder econômico proporcionou aos que o detêm. Não muito diferentemente dos déspotas da história, a quem o sentimento de poder absoluto não deixava medir as conseqüências de seus atos, os *agentes do mercado* precisam também satisfazer, a qualquer custo, apenas *desejos* nascidos de distorções morais, geradas pelo descompromisso humano.

Assim, cuidemos de separar o que é mercado, como parte original da proposta humana de coexistência, de um mero exercício perverso de ambição e egolatria. Temos todos o direito de abrir mão de propostas mercadológicas que impliquem *renúncia humanística*. Não basta ser mercado para merecer nossa aceitação, como obediência cega ao mito da livre-iniciativa. Senão, vejamos, para avaliação do ponto de vista moral: o mercado de armas é um dos mais promissores do mundo, maior do que o das drogas; é um mercado que movimenta bilhões de dólares, e esses dólares, naturalmente, não estão guardados em silos subterrâneos, mas em contas em bancos localizados em paraísos fiscais. O que pressupõe uma *fronteira livre* onde o *moralmente inaceitável* e o *legalmente admitido* convivem. E então? Como julgar essa circunstância? Não serão os paraísos fiscais, em si, uma aberração, do ponto de vista moral? No entanto, existe *mercado* para que existam paraísos fiscais. O que não significa que não possamos *abrir mão dele*. O que, na verdade, é muito mais uma decisão pessoal do que uma decisão mercadológica. Quando os Estados Unidos intervêm na Colômbia, a fim de destruir as plantações de coca, a eficiência da medida é discutida. Por quê? Porque, do ponto de vista do *mercado*, o efeito do ato está no nível de um ataque de pragas nos laranjais da Flórida. Ou seja, o preço do produto vai aumentar porque outros produtores vão se beneficiar da falta de oferta ou, quem sabe, serão favorecidos os que, pressentindo momentos difíceis, estocaram mercadoria. Na lógica contemporânea do mercado, será o caso de aproveitarmos a *oportunidade* para plantar coca em nossos quintais. Russos e americanos ganham muito dinheiro financiando guerras de miseráveis no mundo inteiro, enquanto, politicamente, discutem a paz em palácios luxuosos. Pode-se dizer que praticam o *pragmatismo* do mercado: *a paz é menos importante que o lucro*. É como uma mãe que aceita que a filha se prostitua, já que tantos homens a querem. É outra *oportunidade* de mercado. Ou seja,

> fora da ética, não há salvação para a consciência. Ou para a *alma*, se preferirmos.

Educar para a ética é obrigação de todo empreendedor. E a ferramenta mais eficiente da educação é o exemplo. Afinal, todo empreendedor costuma ser visto como um modelo de sucesso. É verdade que se trata de uma constatação viciada, por estar, muitas vezes, embasada apenas em questões materiais. No entanto, é explicável: a maioria esmagadora das pessoas não tem recursos materiais para alcançar um padrão de segurança pessoal e familiar a ponto de fazer sua opção profissional considerando sutilezas éticas. Normalmente, está à mercê de oportunidades salariais, apenas. O que as faz vulneráveis a contribuir com empreendimentos eticamente suspeitos, aos quais confiarão suas melhores qualidades. Por outro lado, essa circunstância não deixa de ser uma oportunidade para empreendimentos sérios consolidarem na marca conceitos éticos *puros*, por intermédio da *pureza ética* de seus colaboradores. Ao tratar de relações entre desiguais, como empregados e empregadores, devemos entender o estado de *pureza* como uma *vocação para o vínculo*. E *vínculo* é compromisso *afetivo*, provavelmente a maior *ambição* de um empreendedor no sentido de obter o melhor de seus subordinados. Compromisso *afetivo* é muito mais do que *contrato*. Compromisso *afetivo* é produto de *crença*. E as pessoas costumam *crer* numa *equação que fecha com seus princípios*. É uma situação que pode ser particularmente favorável para a marca porque estabelece o ponto de partida de um círculo vicioso, em que a *ética de quem manda* influencia e é influenciada pela *ética de quem obedece*.

Pode parecer mais fácil, a princípio, exercer o poder acreditando que a equipe é uma espécie de orquestra, afinada pelo diapasão do mercado. No entanto, se cometerá uma falha fundamental ao se acreditar que as percepções são iguais, quando são, necessariamente, diferentes. Na ausência de uma *ideologia* (ou quando a qualidade do *movimento das relações* é de caráter simplesmente mercantilista),

> comportamentos semelhantes nem sempre significam objetivos semelhantes, mas apenas receios semelhantes.

Nesse caso, não haverá, na verdade, nenhuma expectativa de ordem e disciplina *filosóficas*, mas uma relação de medo e dependência. Basta observar que o critério de admissão das pessoas não costuma ser *filosófico* mas *burocrático*, para compreender que o *teatro* da admissão não se sustenta subseqüentemente. Enquanto não houver uma *doutrina* da marca, a ser *ideologicamente contrastada*, nenhum discurso admissional merecerá crédito.

A *pobreza filosófica* que costuma conduzir as práticas admissionais é filha da *pobreza filosófica* da mentalidade empresarial. Quando tratamos a admissão profissional apenas como *oportunidade de mercado*, tiramos do *trabalho a condição inata de propulsora da evolução do homem*. A oportunidade de trabalho apenas como *condição de mercado* pressupõe e aceita o homem sem trabalho, o que é uma distorção, pois induz a uma inversão de valores: o *mercado* torna-se regulador da *utilidade ou da necessidade* do homem e de suas propriedades inatas, no ambiente do homem. Aceitar, com naturalidade, conceitos tão impróprios revela uma falha grave na educação da consciência. E por que é grave? Porque nega uma condição básica de sobrevivência: *o compromisso de espécie*. Ao nos deixarmos dominar e conduzir por esses conceitos, nascidos da *circunstância-mercado*, em detrimento de qualidades próprias do homem, como ser gregário, cuja associação, originariamente, se deu para enfrentar fenômenos naturais e seres irracionais (diferentes dele), estamos, na verdade, criando uma ordem absolutamente antinatural, em que o homem ganha significado antes por sua utilidade no âmbito das circunstâncias de mercado do que por sua condição intrínseca de ser que ama. Ou seja, uma ordem em que nosso compromisso de responsabilidade é maior com o mercado do que com nosso semelhante. Ordem, inclusive, em que o dever com o próximo deixa de ser uma qualidade dos sentimentos e se transforma numa outra atribuição de mero interesse do mercado e só assim se viabiliza: o homem, que antes se aglutinava para proteger-se do desconhecido, agora trata de aglutinar-se e contribuir com os excluídos não num gesto de generosidade, mas para proteger-se da ameaça do *homem desprotegido*. Tudo isso é decorrência da percepção de que a sobrevivência do mercado significa a nossa própria sobrevivência. Uma alteração de consciência motivada pela pregação sistemática (ideologia de mercado) de que nada há fora do mercado. Uma aberração, sim, mas suficientemente forte para estabelecer as novas regras da sobrevivência do homem em seu meio.

Basta ver que, quase sempre, tem cabido aos governantes (síndicos das organizações sociais), como compensação ao descompromisso humano do mercado, estabelecer, por meio de isenções fiscais que barateiam a produção, condições mercadológicas convenientes à permanência dos *players* em suas regiões, o que se traduz em oferta de empregos. É uma reação praticista a uma questão premente. No entanto, não deixa de ser, também, um encorajador de uma espécie de *chantagem de mercado*. Hoje chegamos a uma situação em que o que era emergência (isenção fiscal) foi incorporado à prática natural de mercado, a ponto de se fazerem verdadeiros leilões fiscais entre governos para atrair empresas. Ou seja, é o descompromisso humano do mercado levado às últimas conseqüências. Sim, pois não é desconhecido dos *players* o fato de que os impostos que deixam de ser arrecadados seriam destinados a ações de governo, cujos maiores beneficiários não pertencem aos grupamentos sociais de seu interesse, seja como consumidores, seja como técnicos. A constatação torna-se ainda mais cruel quando calculamos que uma indústria que emprega, digamos, quinhentas pessoas, estimulada por isenções fiscais, pode promover, indiretamente, o corte de mil merendas escolares, bancadas com dinheiro público, por exemplo. É um cenário ideal desenhado pela e para a *business administration*. Mas a questão original continua a mesma: terá cabido ao homem, em seu atual estágio de evolução, sobreviver, ou não, dependente de alguma coisa tão primitiva como o mercado? Governos neoliberais se ufanam de ter alcançado, em seus países, um *estado puro e absoluto de mercado*. Acreditam ser o céu. Quem sabe não será o fundo do poço, do ponto de vista humanístico? Afinal, o mercado só é bom quando a demanda é maior do que a oferta. Então, qual será a motivação dos *players*, senão adequar a produção no sentido de sustentar o preço mais conveniente? O que isso tem a ver com a vida – conveniência primeira do homem? Não estou querendo ser maniqueísta, mas acredito ser importante que tenhamos claro em nossas mentes que o mercado ou o que quer que seja que dependa do homem para existir será revelador de sua índole notadamente pela forma com que essa existência for conduzida e por suas conseqüências na vida das pessoas. Naturalmente, não pretendo, com esses conceitos, que profissionais de recursos humanos empunhem bandeiras utópicas e abram as portas das empresas para a admissão pela admissão. O objetivo aqui é, antes de qualquer coisa, estimular a reflexão humanística para que, por meio dela, as pessoas impregnem seus atos, ainda que limitados pelas regras do mercado, do máximo possível de amor ao próximo. Porque entendo que o embrutecimento do mercado é muito menos decorrência de uma vocação individualista das pessoas do que resultado da simples falta do hábito da reflexão. Como já repeti inúmeras vezes, a construção de uma imagem positiva da marca deve, necessariamente, contemplar uma relação sentimental, em cadeia, no seio da comunidade que gravita em torno dela. E uma relação sentimental só existe onde os sentimentos são estimulados e auto-estimulados.

Para ser capazes de estimular sentimentos temos, primeiro, de ser capazes de raciocinar com a *utopia*, escapando da *vulgaridade motivacional do mercado*. Só então estaremos em condições de alcançar a essência da motivação humana fundamental: *o amor*. O raciocínio com a *utopia* é motivado pela contestação. Não é interessante? Para resgatar um *estado de amor*, primeiro temos de *nos desintoxicar*, por meio da *rejeição* ao *condicionamento* ao qual estamos *sujeitos*, ou seja, livrar-nos da condição de *próprios da sujeição*. *Rejeição x sujeição* é a luta pela *liberdade* para a reflexão. Não há por que temer o pensamento *ao contrário*. O homem só cresce quando se atreve a questionar o *status quo*. Essa posição *contrária* não deve ser confundida com *oposição sistemática*, mas compreendida como um estado elevado de consciência, impregnado de *liberdade* para *experimentar estados contrários* e todas as suas possibilidades. Enquanto a *oposição sistemática* pode ser um processo de *contração*, a *suposição* e a *experimentação do contrário* são processos de *expansão* do pensamento. O desenvolvimento de *estados de amor* só é possível em mentes *livres*. E mentes *livres* são aquelas que não têm medo de *estimular seus sentimentos*. Naturalmente, não é nem um pouquinho fácil viver sob o império do mercado e, simultaneamente, *pensar com a própria cabeça*. É difícil. Mas não impossível. Para começar, é preciso *perceber* que o mercado não é um *ente* mas um *estado de coisas, uma circunstância*, criado pelas pessoas. Portanto, todos temos o poder de interferir no mercado, de influenciá-lo. No caso de quem vende, gerando mais ou menos oferta; no caso de quem compra, gerando mais ou menos demanda. Mas também podemos interferir colaborando com a *qualidade ética* nas inter-relações de mercado, que não passam, afinal, de decorrências naturais das *relações humanas*. É nesse momento que o papel de quem *decide* ganha importância fundamental.

# Compreender que estabelecer metas não traduz, necessariamente, a comunhão de ideais

O estabelecimento de metas, comumente, está assentado em duas características: a ameaça e a oportunidade. E tem como motor o traço comum das necessidades humanas básicas. Exatamente por sua falta de conteúdo ideológico, o estabelecimento de metas costuma transformar-se num mero jogo, em que a aleatoriedade das circunstâncias vai definir o grau de sucesso ou fracasso. Qualquer empresa pode estabelecer metas para seus colaboradores. Mas somente naquelas onde se *comungam os mesmos ideais* a busca do cumprimento das metas está impregnada de uma *paixão transformadora*.

> Parece-me definitivo que não há cumplicidade onde não há compromisso.

Em 1999, vivi duas situações muito interessantes na Argentina, como diretor de criação de uma agência de publicidade multinacional. Foram circunstâncias relativas a dois clientes com comportamentos antagônicos, e que geraram, também, resultados opostos de mercado, sem nenhuma relação direta com a quantidade de dinheiro envolvida em uma e em outra ação das marcas. A primeira situação envolveu o McDonald's. O mercado argentino vivia uma séria retração de consumo. Por certo tempo, a rede de *fast-food* suportou a crise de demanda, mantendo seus preços acima dos praticados pela concorrência. Apostou na força da marca: entendia que o consumidor estaria disposto a pagar mais pelo que ela representava. A estratégia era levada tão a sério que todos os comerciais do McDonald's tinham como assinatura o seguinte conceito: *Esto es valor, esto es McDonald's* (Isto é valor, isto é McDonald's). E vendiam os *combos* – sanduíche, batata frita e refrigerante – a 5 dólares. As coisas funcionaram até certo momento. Mas chegou a ocasião em que o consumidor se viu sem condições de sustentar a *imagem da marca*. E parou de ir ao McDonald's. Para piorar as coisas, havia ainda outro problema: a rede Burger King, seu concorrente mais direto, mantinha no ar uma campanha de rádio extremamente irreverente, cujo mote eram exatamente alguns ícones *sagrados* do McDonald's, como seu hambúrguer e o *clown* Ronald. Num dos comerciais, uma suposta *cliente* do McDonald's perguntava pelo hambúrguer e a suposta *atendente* respondia que estava *debaixo da alface*, numa referência ao tamanho do hambúrguer; em outro comercial, um rapaz debochado referia-se a Ronald como o *palhaço*, verdadeira heresia contra o tema de um dos mais rigorosos *polices*\* da marca: Ronald tem cara de palhaço, nariz de palhaço, maquiagem de palhaço, veste-se como palhaço mas, para todos os efeitos, é apenas o Ronald. Assim, vendo minguar a presença do consumidor em suas lojas e *agredido* pelas *molecagens* do concorrente, o *big boss* da rede McDonald's argentina convocou o presidente da agência e a mim para uma reunião *secreta*. Qual era, enfim, o grande segredo? Simples: o McDonald's iria baixar os preços. E por que isso era um assunto assim *tão* secreto? Por dois motivos: primeiro, porque a marca líder não queria que o mercado especulasse a respeito de sua *sujeição* à realidade; segundo, para evitar que a concorrência se antecipasse e baixasse, antes, os preços.

Precisávamos criar uma campanha publicitária para comunicar o fato. Mas não uma campanha publicitária qualquer. Era

---
\* *Polices* são regras rígidas a serem obedecidas nas ações de *marketing* de certas marcas.

preciso inventar um jeito de dizer que o McDonald's baixava os preços sem dar margem à impressão de que a *marca McDonald's tinha diminuído de valor*. Com uma agravante operacional: ninguém poderia inteirar-se do desenvolvimento da campanha, no âmbito do próprio McDonald's e na agência, antes de ela ir ao ar. Como resolver isso? Só havia um jeito: trabalhar fora da Argentina. Foi o que fizemos. O presidente da agência e eu, únicos publicitários conhecedores do assunto em território argentino, nos transferimos para Chicago, onde a DDB, agência de publicidade que detém a conta, mantém um importante escritório, exatamente pelo fato de lá estar situada a sede do McDonald's. Durante uma semana, um brasileiro (eu) e uma equipe de norte-americanos buscamos um conceito criativo que fosse capaz de motivar os argentinos a *valorizarem* a decisão do McDonald's em baixar os preços e voltarem a consumir seus produtos no mesmo volume com que consumiam antes da recessão econômica.

Uma semana de trabalho rendeu algumas boas campanhas. Impossível afirmar o quanto de *originalidade* continham; considerando-se que a DDB atende ao McDonald's, em dezenas de países, há muitos anos, deduz-se a quantidade de idéias que cruzaram e cruzam o mundo para comerciais de McDonald's o tempo todo, algumas *experimentadas*, outras *caçadas* em arquivos. Lembro que tínhamos duas ou três propostas divertidas, trabalhando um humor a que, como brasileiro, eu estava mais acostumado. Das idéias, uma que mais me agradava mostrava pessoas comuns tentando fazer *sozinhas* o trabalho de profissionais. Uma *esposa*, por exemplo, cortava o cabelo do marido. O resultado, claro, era, propositalmente, desastroso. Um *mecânico de fim de semana* tentava consertar o carro e saía com a cara cheia de óleo. O mote era sempre *hay una manera más inteligente de ahorrar plata* (existe um jeito mais inteligente de economizar), e propunha que as pessoas aproveitassem que o McDonald's havia baixado os preços e, então, economizassem, ao mesmo tempo que desfrutavam alguma coisa que lhes desse prazer. Seja qual for o peso que dermos, em termos de avaliação criativa, a essa proposta, seremos capazes de reconhecer a *boa* e *velha* propaganda, divertida, espirituosa, a que nos acostumamos. Eu, sinceramente, entendia que, no Brasil ou na Argentina, seria bem-aceita a *latinidade* da forma. Havia outras idéias, no entanto, que, achava eu, pecavam por seu *yankismo*. Porém, mesmo aí, é preciso tomar um grande cuidado: é muito fácil você se deixar levar pelo preconceito quando conhece todos os *bastidores* da criação de uma campanha publicitária. É muito provável que, vendo pela primeira vez, sem ter a menor idéia da origem, eu tivesse recebido de bom grado a maioria daquelas propostas. Mas eu estava ali, no meio dos *gringos*, na terra deles, e talvez por isso tudo para mim soasse *imperialista* e *colonizador*.

No dia da apresentação ao cliente, havíamos chegado à conclusão (na verdade, muito mais eles do que eu) de que seriam apresentadas cinco linhas criativas. De uma delas, inclusive, eu apenas tomaria conhecimento pouco antes da reunião. Quando perguntaram minha opinião, só me ocorreu um comentário: estamos correndo um sério risco de que o cliente aprove essa campanha. Talvez por deficiência de meu inglês, a verdade é que minhas palavras, por mais enigmáticas, não obtiveram resposta. Na reunião era notório, pelo menos para mim, que acompanhara todo o processo, vivenciando os bastidores, que a equipe norte-americana já tinha escolhido sua campanha preferida. Exatamente a que me despertara o receio de que o cliente aprovasse. E que, efetivamente, aprovou. A partir daí, minha missão passou a ser adaptá-la à Argentina e produzi-la fora da Argentina, para que o segredo se mantivesse até o dia em que fosse para o ar.

Acredito ser importante registrar um momento dramático. Na noite em que, reunidos num luxuoso hotel de Buenos Aires, foi feita a apresentação das campanhas ao cliente, e a recomendação direta por uma determinada linha, vivi, por cerca de quinze segundos, uma provação gravíssima. Foi quando o cliente, depois de elegantemente acompanhar e prestigiar o raciocínio que fazia o diretor de criação norte-americano para persuadi-lo a aprovar a linha que melhor lhe parecia, fixou em mim um olhar "de verdade". E fez, em português – pois, apesar de ser colombiano, vivera alguns anos no Brasil –, uma pergunta "de verdade": mas essa proposta não é muito gringa? O fato de ter feito a pergunta em português, num ambiente onde só nós dois compreendíamos a língua, revelava certa necessidade de cumplicidade. Era a segunda vez em que a propriedade do conceito para o mercado argentino (ou latino) era questionada. A primeira tinha sido a suspeita que levantei, ainda em Chicago, e que, embora expressada, não repercutiu, reconheço, por insegurança minha, insegurança que viria a se confirmar na reunião que estou narrando. A campanha era composta de dois comerciais de condução absolutamente igual, apenas montados com cenas diferentes, que buscavam exibir diversos exemplos de uma mesma idéia. E que idéia era essa? Demonstrar aos argentinos que o McDonald's tinha consciência da circunstância especial que a economia argentina estava vivendo e suas conseqüências sobre os hábitos de consumo de sua população; demonstrar, ainda, que o McDonald's era sensível àquelas dificuldades ("dos argentinos") que os impediam de desfrutar os "benefícios" que o McDonald's oferecia; e, por fim, apresentar a solução que se convertia num corte importante nos preços: de 5 para 2 dólares e 99 centavos o *combo*. E como isso se dava? Ambos os comerciais mostravam uma seqüência de pessoas "caracterizadas" por suas profissões, exercendo suas atividades. Sobre as imagens, um texto, igual em ambas as versões, enaltecia esses profissionais por sua árdua luta diária na busca da realização de seus sonhos, deixando subentendido que a situação não era nem um pouco fácil. E, ao final, a proposta de que o McDonald's resolvera fazer alguma coisa que representasse uma espécie de "compensação" às pessoas, uma iniciativa que funcionava como uma contrapartida a todo o esforço empreendido. O McDonald's baixava os preços, de forma significativa, para que as pessoas não deixassem de desfrutar os *bons momentos* que a freqüência aos restaurantes da rede proporcionava. O conceito não era novo, como fiquei sabendo depois, e já havia sido utilizado em outros países, inclusive nos Estados Unidos: *you deserve a break* (ou: você merece dar uma parada – para relaxar, numa tradução livre). Na Argentina, o conceito, considerando as circunstâncias, foi adaptado para *bajamos los precios y te regalamos un buen momento* (baixamos os preços e te presenteamos com um bom momento). Em resumo, tratava-se de uma campanha temperada com certa dramaticidade, característica que, entenderam os norte-americanos, era típica dos argentinos. Aparentemente, estariam certos, já que se tratava do país de Carlos Gardel, Evita Perón e Diego Maradona.

"É, sim, muito gringa", poderia ter sido minha resposta ao presidente da companhia. Era exatamente o que eu pensava. A campanha tinha um tom ufanista, excessivamente ianque, que me parecia adequada em países coalhados de heróis de guerra, em suas cadeiras de rodas, necessitados de que se lhes estimulasse a auto-estima, graças à permanente expressão de reconhecimento da pátria. E os argentinos, apesar da dura crise que viviam, estavam se divertindo muito com as bem-humoradas campanhas do Burger King. Eu não disse que era gringa. Provavelmente, se houvesse dito, faria desmoronar um trabalho gigantesco, que vinha sendo realizado havia um mês, envolvendo profissionais de três países, Argentina, Brasil e Estados Unidos, a um custo fabuloso para a agência. Pensei que, já que não tinha feito a coisa certa, no momento apropriado para fazê-la, interromper bruscamente aquele processo, quando, em tese, todos havíamos, em equipe, chegado a um consenso de que era a melhor solução, seria uma atitude desleal. Minha reação foi a mais política: estamos tratando, ainda, de fazer as necessárias adaptações. E a coisa foi adiante. E se converteu num absoluto fracasso.

O consumidor argentino reagiu com solene indiferença às sentidas manifestações de reconhecimento da marca às circunstâncias que experimentavam naquele momento. A baixa de preços tampouco foi suficientemente motivadora para gerar uma corrida às lojas.

Hoje, diante do fato acabado e narrado em detalhes, seria relativamente fácil apontar equívocos e omissões em diversas etapas do processo e, com isso, explicar por que as coisas não deram certo. No entanto, estaríamos perdendo o foco da causa maior, em sua origem, que criou as condições para os erros diversos que seriam cometidos. E que causa foi essa? A índole empresarial. Quando a decisão de baixar os preços alijava a tudo e a todos do processo constru-

tivo de sua percepção, não só em termos
da empresa, como do país, exatamente aí,
na raiz, ela perdeu a condição de *produto
inato* da marca para converter-se num *produto
avulso* do *marketing*. A partir de então
tudo o que dizia respeito ao assunto passou
a ser tratado, necessariamente, fora do
âmbito de onde seria aplicado. Poder-se-ia
dizer que era uma necessidade empresarial,
uma contingência de mercado, a concorrência
não poderia inteirar-se, com antecedência,
da decisão que se tomava. Será
mesmo? Quanto mais restrita uma informação,
é verdade, maior sua garantia de
sigilo. No entanto, menores suas chances
de receber as luzes de novas interpretações.
Quero dizer, o presidente da companhia
tomou uma decisão, de certa forma,
óbvia e deu a ela um caráter de segredo de
Estado, acreditando que, ao agir dessa maneira,
converteria o óbvio numa surpresa.
E quem acabou tendo a surpresa foi ele.
Para os demais, o óbvio foi simplesmente
percebido como óbvio, por mais que se tenha
tentado dourar a pílula. Com uma
agravante: os que, profissional e operacionalmente,
deveriam sentir-se parte do processo
em nenhum momento se sentiram
comprometidos com ele. É natural. Decisões
empresariais necessitam ser incorporadas
por todos os que, depois de implantadas,
estarão agindo em função delas. No

caso do McDonald's, o fracasso de público certamente refletiu o fracasso interno. Ao receber, praticamente, junto com o consumidor a informação de que a cadeia de *fast-food* estava baixando os preços, a *comunidade da marca* percebeu a decisão da mesma forma que ele, como uma obviedade. Houvesse a *comunidade da marca* sido *doutrinada* para o significado do fato, quem sabe não adotasse a estratégia como bandeira. No entanto, como esperar que as pessoas saiam acenando, apaixonadamente, bandeiras que acabaram de receber? Para alguns franqueados, preocupados com o baixo retorno do capital empregado na marca, provavelmente fosse um desejo que os preços baixassem a patamares mais realistas; para alguns atendentes, aborrecidos com o pouco movimento, também; na concorrência, provavelmente, fosse uma expectativa. Onde estará, enfim, a razão de fazer do assunto tamanho segredo? Ah, sim, em dar a impressão à concorrência de que não se vai fazer aquilo que ela crê que façamos e, com isso, evitar que se antecipe e baixe os preços antes de nós. E quanto tempo duraria o benefício desse segredo? Dois dias, talvez. Tempo suficiente para a concorrência ajustar-se ou, quem sabe, não fazer nada por já estar com seus preços no limite possível.

Na verdade, o problema todo se deu porque todas as fichas foram apostadas no *marketing*. E não havia nada de especial na decisão empresarial que pudesse ser potencializado pelo *marketing*, por melhor que fosse a campanha que se criasse. A menos que queiramos entender que baixar os preços seja um lampejo de genialidade. Em meu livro *Raciocínio criativo na publicidade*, cito o conceito "99 centavos" como um exemplo de criatividade em *marketing*: "[...] Alguém um dia começou com isso. Depois, claro, foi copiado, e o procedimento virou carne de vaca. Mas, no início, foi uma atitude criativa, dotada de grande objetividade. O comércio praticava preços com números redondos como 2 dólares, por exemplo. Alguém percebeu que poderia cobrar menos e, praticamente, receber os mesmos 2 dólares e cobrou 1,99. [...] dizer 'baixe 1 centavo' e torne seu preço 1,99 em vez de 2 é genial, não tem nada a ver com contabilidade, é puro *marketing*" (pp. 55-7). Mas também é verdade que baixar os preços, ainda que seja atitude longe de ser criativa, é um excelente argumento de vendas e pode ser muito conveniente para todos os envolvidos. O problema é que, ao baixar os preços surpreendentemente, e, com isso, projetar novas metas de venda, a empresa não deu à sua *comunidade* condições de *comungar um ideal*, deixando apenas na reação do consumidor a referência de sucesso ou fracasso, sem uma participação *apaixonada* dos que constroem a metade de qualquer resultado que se busque. A muitos poderá ter ocorrido que baixar os preços era uma decisão precipitada por terem convicção de que isso significaria continuar vendendo pouco e por menos. O que de fato aconteceu.

Ao tomar a decisão solitária de baixar os preços e proibir, terminantemente, que o assunto vazasse a quaisquer outras pessoas, senão àquelas a quem confiaria o desenvolvimento da campanha, o presidente da empresa virou refém do *marketing*. E o *marketing* só conhece soluções de *marketing*, desenvolvidas sob o entendimento do *marketing*. Por isso, o *marketing* nunca afirma que não tem solução. O *marketing* nunca trabalha *contra* (no sentido mais cartesiano possível) o *marketing*. O desenvolvimento e a recomendação de uma campanha *desconectada* da realidade foi, portanto, apenas mais uma decorrência da *desconexão* que conduziu as ações desde o início. O que pretendia o homem que tudo decidia? Os norte-americanos da agência estavam bem-intencionados quando sacaram do arquivo um projeto que já havia funcionado antes. É o máximo de *intimidade* que o *marketing*, quando solicitado como pronto-socorro, se permite. Num *lapso de consciência*, o presidente da empresa, intuitivamente, suspeitou da solução e buscou, intuitivamente, no criativo que também havia suspeitado, a confirmação de sua suspeita. Mas já era tarde. Diga-se de passagem, para todos. Afinal, ao *marketing*, tampouco, convêm os fracassos. A questão é: enquanto *o marketing* não for avaliado dentro de suas limitações, poderá converter-se numa arma que funciona tanto a favor como contra. Uma arma que não tem consciência se está apontada contra o inimigo ou contra o peito de quem a está portando. Daí usar a arma do *marketing* com excesso de independência ser sempre um risco. Risco que custou alguns milhões de dólares, pois tecnicamente, em termos de forma, o trabalho foi perfeito. O erro foi acreditar que a técnica tudo pode.

Vejamos agora o segundo caso. Uma pequena rede de supermercados de origem chilena, com dez lojas em Buenos Aires, era o menor cliente da agência. As atribuições da agência costumavam ser extremamente simples: criar e produzir folhetaria que era distribuída, a partir das quintas-feiras, nos bairros em que se localizavam as lojas, anunciando as boas oportunidades de compra no fim de semana. Da mesma forma, cartazetes de rua, chamados *chupetes*, destacavam as melhores ofertas. Enfim, um lugar-comum absoluto, no caso de varejo supermercadista. Uma constante alegada falta de verba frustrava qualquer tentativa de criar para aquele cliente algo melhor do que uma repetitiva exposição de fotos de produtos com preços sob um título, quase sempre reprodução clássica dos apelos da publicidade de varejo. Ainda que fosse uma das contas de melhor rentabilidade da agência, inclusive pelo pouco envolvimento intelectual que exigia, entendíamos que, caso não oferecêssemos uma alternativa para que o cliente saísse daquele marasmo, estaríamos deixando um espaço para que a concorrência o fizesse a qualquer momento. Tínhamos o desafio, no entanto, de compatibilizar uma verba limitada com um salto de qualidade e alcance da comunicação do anunciante. Depois de reunir alguns parceiros e obter condições favoráveis, em termos de custos e prazos de pagamento, apresentamos ao cliente um plano de trabalho que contemplava sua ida à televisão, caminho natural para a publicidade de varejo. Ao concentrar a programação em uma única emissora, alcançamos um nível de desconto imperdível. Era o terceiro canal em audiência, mas seu público era, exatamente, o que nos interessava, classes B e C, habitante dos bairros onde estavam localizadas as dez lojas da rede de supermercados.

Aprovada a negociação de mídia, tratamos do desenvolvimento da campanha. O plano de veiculação contemplava a exibição de dois comerciais novos, a cada semana, que permaneceriam no ar de quinta a domingo, divulgando as ofertas do período. Aí surgiu um novo problema: como viabilizar a produção de dois novos comerciais por semana dentro de parâmetros suportáveis de custos para um cliente de verba extremamente limitada, sem um sacrifício de qualidade que viesse a comprometer a imagem da marca? A solução criativa encontrada foi, exatamente, transformar essas limitações no grande trunfo conceitual da campanha. Uma câmera na mão e uma idéia na cabeça, no melhor estilo Glauber Rocha. Escrevemos uma série de *sketches*, quadros de características quase teatrais, encenados dentro das lojas, com atuação dos próprios funcionários da empresa. Trabalhando em mutirão, auto-estimulados e num clima de permanente diversão, realizamos cerca de cinqüenta comerciais. O resultado de cada um deles traduzia o clima de ópera-bufa, absolutamente provável, considerando as circunstâncias. No entanto, em vez de corrigi-lo, na tentativa de transformar aquele absoluto amadorismo numa proposta pseudoprofissional, tratamos de assumir publicamente nossas limitações. Cada comercial era assinado com o conceito: *la oferta es tan buena que no importa que el comercial sea tan malo* (a oferta é tão boa que não importa que o comercial seja tão ruim). A empatia com o público foi imediata. O resultado de vendas também, assim como o crescimento da percepção da marca no mercado. A boa idéia de converter nossa maior dificuldade, a falta de recursos materiais, na principal sustentação criativa da campanha foi importante para superar o desafio de estarmos na mídia, regularmente, de maneira digna. Mas o que verdadeiramente deu ao projeto a musculatura necessária para manter o *espírito* da proposta permanentemente renovado e vivo no âmbito da rede de supermercados foi sua absoluta assimilação pela *comunidade da marca*. Ou seja, além de ter exposto a marca num meio de alto índice de audiência, a campanha funcionou, de forma absolutamente integrada, como uma poderosa ação de *endomarketing*. Funcionários se apresentavam, espontaneamente, para estrelar novos roteiros; clientes compartilhavam o clima de euforia que se criava nas lojas, logo que os comerciais entravam no ar, propondo, inclusive, novas idéias. Tudo isso por uma pechincha.

Ao contrário do que ocorreu no caso do McDonald's, em que o segredo e o alijamento absoluto da *comunidade da marca* converteram o mais importante projeto da cadeia de *fast-food* na Argentina, naquele ano, em fragoroso fracasso, a cadeia de supermercados, ao privilegiar a participação da *comunidade da marca* em seu projeto de *marketing*, experimentou seu momento de maior sucesso. Para isso, o *marketing* trabalhou, o tempo inteiro, absolutamente próximo da realidade do anunciante e reagiu objetivamente ao problema que se apresentava. Esta é a principal diferença: enquanto no caso do McDonald's o *marketing* foi contratado para dar *status* de relevância a uma decisão empresarial, numa missão próxima do ilusionismo, no caso dos supermercados as ações de *marketing* foram forjadas do mesmo barro de que a marca era composta. O que no McDonald's era segredo, rigorosamente guardado por três ou quatro pessoas, na rede de supermercado era convocação à participação geral. Enquanto a c*omunidade da marca* McDonald's recebeu, à última hora, uma bandeira para empunhar, a *comunidade da marca* da rede de supermercados construiu a *causa* que iria defender. Enquanto um apenas estabelecia metas, o outro comungava ideais.

A grande fragilidade do projeto do McDonald's era exatamente aquilo que seu *big boss* supunha que fosse sua maior fortaleza: o segredo. Por necessário que seja, o segredo será sempre portador de uma mensagem muito clara: a desconfiança. Ninguém faz segredo de algo a alguém em quem confia. Quando o assunto segredado envolve a necessidade dos outros, a questão fica ainda mais complicada. Afinal, como esperar entusiasmo participativo de quem esteve alijado do processo, de quem não teve a oportunidade de absorvê-lo, elaborá-lo e apaixonar-se por ele? O projeto poderia ter dado certo, mas nas mesmas circunstâncias em que, eventualmente, projetos desligados da *comunidade da marca* às vezes dão certo. Dependem muito mais de uma conjunção de fatores externos, favoráveis, mas circunstanciais. Diferentemente, os projetos desenvolvidos com a participação direta da *comunidade da marca* podem contar, sempre, com pelo menos um fator favorável: o compromisso apaixonado de superar ou transformar circunstâncias desfavoráveis. O contrário é a mera aleatoriedade: qualquer um que viva de determinado trabalho sempre cumprirá o que lhe mandam, na pior das hipóteses, como compromisso com a própria sobrevivência; porém, da mesma forma, seu grau de entusiasmo estará profundamente ligado ao julgamento crítico que fizer da missão que lhe é atribuída. A *comunidade da marca* da rede de supermercados assimilou, imediatamente, que o projeto não era apenas de seu conhecimento, com a devida antecedência, mas que dependia, necessariamente, de sua participação direta na *fabricação das armas* que seriam utilizadas para o cumprimento de suas metas. Como estavam presentes no cotidiano das vendas, eram, permanentemente, desafiados a avaliar erros e acertos de cada ação.

Naturalmente, atitudes de *marketing* não podem ser o tempo todo produto de uma ação coletiva. Muito se perderia em agilidade, ao mesmo tempo em que qualquer conceito teria de abrigar tamanha participação, que se transformaria numa colcha de retalhos. Portanto, o que se propõe não é uma espécie de *marketing socializado*, mas a circulação da informação na *comunidade da marca*, como uma via de mão dupla que reforça os conceitos *ideológicos* da marca entre seus colaboradores e cria neles a condição essencial do comprometimento com os resultados desejados em cada ação de *marketing*. Ninguém se compromete com o que não conhece. Nem mesmo ações que necessitem de discrição devem ser conduzidas de modo que surpreenda completamente a *comunidade da marca* quando postas em prática. Ela deve estar inteirada de que há um processo em andamento de interesse coletivo e que muito vai depender do envolvimento de cada um, ainda que não se possa adiantar detalhes, por uma questão de interesse comercial. A *comunidade da marca* é capaz de compreender esse tipo de circunstância e aceitá-lo, com naturalidade. O que, ao contrário, se torna difícil é alguém se dispor a associar-se a um movimento que, primeiro, o ignora e, depois, o atropela. Isso tende a gerar um sentimento pior que o da simples exclusão: provocar uma percepção de arrogância que pode, muito bem, colocar as pessoas em oposição ao projeto, promovendo, ainda que inconscientemente, uma espécie de boicote.

Envolver emocionalmente a *comunidade da marca* é tão importante quanto criar um conceito de comunicação que envolva emocionalmente o consumidor de nossos produtos ou serviços. A *comunidade da marca* é um potencializador insubstituível das propriedades de um conceito.

# Compreender que o comportamento ético é o mais poderoso formador de imagem de marca

A ética deve ser a base que coloca a marca em pé, o esqueleto fundamental, o norte que dá à sua *comunidade* as condições ideais para conduzir-se com segurança. A ética não é uma opção a outras possibilidades mais convenientes de conduzir-se no mercado. Na verdade, a ética determina o uso que se dá às ferramentas que, em tese, são as mesmas para todos, éticos ou não. Um dos maiores pecados que se comete contra a ética é julgá-la, muitas vezes, inadequada às praxes do enfrentamento com que a marca vai deparar na luta por seu espaço. Quantos, enfim, não se terão perguntado quais são as chances de uma empresa ética num mercado de comportamento aético? Em função de questionamentos como esse, não é improvável que um anunciante receba recomendações discutíveis do ponto de vista ético de seu provedor de serviços de *marketing*. Como já disse, anteriormente, o *marketing* é uma ferramenta e, como toda ferramenta, vai cumprir o uso que lhe for dado. Seria, no entanto, de uma ingenuidade suspeita que uma empresa deixasse ao *marketing* a responsabilidade de julgar o que para ela é ou não ético. Mas isso acontece. E com freqüência. Infelizmente, muito se costuma confundir capacidade negocial com irresponsabilidade ética. Certa ocasião, em uma aula na Escola Superior de Propaganda e Marketing, em São Paulo, perguntei a meus alunos, fazendo-me de esquecido, como se chamavam os comerciantes especializados em comprar e vender carros usados. A resposta foi uníssona: picaretas. Vejam, não estou tratando de uma marca apenas, mas de toda uma categoria de comerciantes que, naturalmente, não é completamente composta de profissionais éticos. No entanto, historicamente, se construiu em torno dela uma reputação extremamente comprometedora, como um trabalho paulatino de *marketing* ao contrário. Com esse exemplo, procurei fazer ver aos alunos o grau de responsabilidade que carregavam no exercício da profissão, que ia muito além do compromisso com seu próprio nome ou com o nome da companhia a que servissem. Era, enfim, um compromisso com a imagem da própria profissão.

O *marketing* precisa tomar muito cuidado. Afinal, não é invenção recente atribuir-se a *puro marketing* ações ou conceitos que, entenda-se, não carregam suficiente carga de veracidade. O *puro marketing*, de certa maneira consagrado, não fica muito a dever aos *picaretas*, como, sem vacilar, os estudantes nomearam a categoria dos comerciantes de automóveis. Vale a pena repetir que essa suspeita que recai sobre o *marketing* é produto, exatamente, de uma ação pouco comprometida com a realidade, atitude que dele com freqüência se espera. Portanto, será o caso de se perguntar: quem estará sendo, efetivamente, aético, o *marketing* ou quem dele se vale como recurso descomprometido com a ética? Por outro lado, de sua parte, o *marketing* também tem se oferecido de uma forma que despertará aos espíritos mais frágeis, em termos éticos, a disposição de dele valer-se como recurso conveniente para práticas que não deveriam estar associadas à marca. Mais ou menos como poderia ocorrer a certos homens quando lidam com as prostitutas, com relação ao *marketing* certas empresas sentem-se mais à vontade para propostas que em casa evitariam, por julgá-las indecorosas. Nessas ocasiões, seria de esperar do *marketing* reação afeita a uma moça virtuosa, negando-se a procedimentos, por princípio, incompatíveis com sua formação. Mas será isso o que efetivamente ocorre? Ou o *marketing* jogará o seu *charme* e compactuará com o uso, teoricamente, indevido de seus *atributos*, uma vez que *estão pagando*? Como se costuma dizer, se há prostituição é porque há quem dela se valha e pague por isso; se há quem produza drogas, é porque há quem a consuma e pague por isso; se há o comércio ilegal de armas, também.

O problema é que

> nestes tempos repletos de adrenalina, os julgamentos de resultados deixaram de avaliar a história para contabilizar a semana.

Em tese, passou-se a exigir dos profissionais soluções num ritmo que, valendo-se de recursos convencionais e éticos, dificilmente eles alcançarão. Qual a saída? Comprar *know-how* adequado à premência das novas necessidades, sem nenhuma preocupação ética, pode estabelecer uma nova cultura de eficiência. Notícias recentes dão conta de que ocorre um fenômeno muito sintomático no mercado: cargos de direção de grandes empresas, antes sinônimos de relativa estabilidade, se transformam em lugares de alta rotatividade. Ou seja, a cultura empresarial e as propriedades da marca, que em tese seriam componentes fundamentais na forja do profissional, tornam-se fatores irrelevantes e o profissional, à semelhança do *marketing*, transforma-se num item a ser *acoplado* à marca, numa aposta de que sua formação específica para um *estado de mercado* qualifique a empresa mais adequadamente para os novos padrões de competitividade. É muito cômodo dizer que isso ocorre porque o mercado exige um novo modelo de executivo, que tenha a capacidade de, sistematicamente, exibir lampejos de genialidade; a argúcia e a agilidade para reagir, a qualquer circunstância, com o movimento certo para neutralizar uma ameaça; total disponibilidade de tempo para – num mundo globalizado e, portanto, aceso vinte e quatro horas por dia – acompanhar atentamente os movimentos do mercado e ter, assim, a informação em tempo real, como subsídio para seus próximos passos. Sem dúvida, são qualidades fantásticas e extremamente adequadas para a conquista dos melhores resultados para qualquer companhia. Aliás, estar à cata de alguém com esse perfil é um desejo como outro qualquer, e não custa nada. A questão se torna problemática quando o desejo e a fantasia de um mercado disputado por super-homens, como numa partida de *videogame*, se transformam num conceito com força de verdade. Isso, para todos os efeitos, gera uma necessidade absurda nos profissionais de, quando não alcançam o modelo projetado de perfeição e que atenda a metas, em tese, superestimadas, buscar qualquer forma de atingi-las. Ou seja, o resultado se torna tão importante, que os meios de alcançá-lo deixam de ter qualquer tipo de filtro. Essa condição, sem dúvida, é o caminho mais curto para o suicídio ético. O que, muito provavelmente, explica o alto grau de corrupção que, a cada momento, é descoberto em milhares de transações. Da mesma forma com que justifica o baixo índice de fidelidade dos profissionais às marcas para as quais trabalham e o decorrente crescimento acelerado da espionagem industrial. A competição sem regras já não se importa em disfarçar pistas que, no futuro, venham a comprometer, irremediavelmente, reputações pessoais ou empresariais. O risco que o profissional corre, ao dispor-se às práticas mais sórdidas para levar seu *contratante* ao cumprimento de seus objetivos, sem necessidade de avaliá-los do ponto de vista ético, é *segurado* por meio de bonificações estratosféricas, que chegam a ser um deboche, num mundo em que as desigualdades sociais se transformam, todos os dias, numa calamidade que não surpreenderia se se revelasse irreversível, no futuro. Para todos os efeitos do *business*, no entanto, o futuro se tornou um tempo muito distante.

A solução para, praticamente, todos os problemas empresariais está, hoje em dia, sob a responsabilidade do *marketing*. Significa dizer não só que às atitudes de *marketing* são atribuídos os louros de todo e qualquer sucesso, como também é considerado um sucesso de *marketing* um desastre ou um fracasso que tenha sido devidamente disfarçado. Ou seja, o *marketing* ou é utilizado de forma leviana ou, efetivamente, assume uma função suspeita no mundo dos negócios. Quanto mais o *marketing* for percebido dessa forma, mais importante se tornará que seu uso seja feito com responsabilidade e dentro de limites que não interfiram na imagem da marca de modo oposto àquele a que nos propusemos ao recorrer a ele. O *marketing* é como uma droga forte que, usada sem critério, pode afetar o comportamento da marca e, por meio de efeitos aparentemente positivos, de curto prazo, viciar quem dela se utiliza e, com isso, gerar uma perigosa distorção: o esquecimento do foco principal da marca em favor da oportunidade do *negócio*. Uma irresponsabilidade, levando-se em conta que todo *negócio* feito em nome da marca terá reflexos diretos sobre ela.

O uso inadequado do *marketing*, na verdade, é produto de uma dicotomia entre o que seria o papel da empresa e o que seria o papel da marca. Ou seja, o que vale para a produção não valeria, necessariamente, para a marca, como se fosse possível disfarçar o vínculo histórico entre ambas. Enquanto a empresa, em si, é produto de vocações objetivas, a marca seria um produto da subjetividade do *marketing*. Seria como dizer que não há compromisso direto entre a empresa, em si, e a imagem da marca. A marca vagaria ao sabor das tendências ou dos modismos do mercado, desvinculada de sua história ou dos propósitos que a geraram. Em resumo, contraditoriamente, não haveria nenhuma relação entre marca e tradição. Ora, como separar marca de tradição? Toda imagem de marca, em tese, foi construída sobre procedimentos que estabeleceram uma tradição. Aliás, o maior orgulho da marca costuma ser, exatamente, a tradição que ela consolidou ao longo de sua existência. Esse é o aspecto saudável da construção da marca. O contrário seria substituir a tradição pela simulação, como produto, exclusivamente, do pensamento de *marketing*.

Considerar a ética um fator fundamental na construção da marca é uma atitude de índole pessoal. Isso significa que não se deve esperar que a decisão ética faça parte de uma programação de *marketing*. Muitas vezes, inclusive, a ética, como decorrência da índole de quem decide, é uma postura de resistência, um complicador para recomendações que não levem em conta certos princípios tidos como fundamentais para a preservação da imagem da empresa, não só aos olhos do consumidor mas, antes de tudo, de seus fundadores, acionistas e funcionários. Ou seja, em empresas em que a *comunidade da marca* é respeitada e se tem respeito, o *marketing* só é bem-vindo em sua versão saudável, e sua utilização obedece a objetivos previamente definidos e pautados por critérios éticos. O *marketing*, em tese, deveria olhar para uma empresa de princípios éticos rígidos e buscar a melhor forma de potencializar essas qualidades, para fortalecer a marca. Essa seria a condução natural das coisas, em ambientes essencialmente éticos, dos dois lados.

Infelizmente, costumam ocorrer duas possibilidades fundamentais relativas ao assunto. Ou a empresa, ao ressentir-se de que a postura ética que vem cultivando não contribui para o desenvolvimento de condições adequadas para assegurar ou conquistar sua posição no mercado, entrega-se ao *marketing*, como substituto de seus princípios, ou o *marketing*, ao ser consultado por uma empresa conduzida, tradicionalmente, segundo procedimentos que respeitam a ética, faz recomendações que classificam os princípios da empresa como frágeis para a realidade de mercado. As duas atitudes são viciadas. A atitude da empresa revela insegurança profissional e inconsistência ética. A atitude do *marketing* revela descompromisso profissional e, também, inconsistência ética.

A busca irracional de resultados positivos pode gerar números agradáveis, num primeiro momento, mas, fatalmente, será desastrosa para a marca, ao longo do tempo. Precisamos entender que são determinantemente diferentes os papéis do camelô e do *gerente de marca*. O camelô, sim, depende sempre do resultado *do dia* para levar sustento para casa. Seu horizonte de compromisso de negócio não passa da hora em que recolhe a banca e vai embora. O camelô nem sequer é fiel a determinada mercadoria, quanto mais à qualidade dessa mercadoria ou a qualquer garantia ao cliente. Ele vai oferecer o que lhe parecer mais conveniente no momento, sem nenhuma responsabilidade *cultural* com o que está oferecendo. Certos *gerentes de marca* confundem um trabalho de conquista de resultados com uma espécie de *administração de camelô*. Essa *estreiteza* administrativa muitas vezes é estimulada pelos responsáveis pela marca, que, acreditando exercer uma administração de negócios alinhada com o padrão competitivo do mercado, esquecem um detalhe importante: seu *gerente* não compartilha o mesmo *compromisso histórico*. Daí seus resultados iludirem e o iludirem, pois um crê estar cumprindo bem sua missão e os outros crêem que aquele tem consciência das conseqüências históricas de seus atos, no que se refere à marca. É um jeito primário de lidar com o patrimônio mais valioso e mais delicado do negócio. Só muito tarde, na maioria das vezes, é que costumam se dar conta de que tudo o que foi arrecadado na *premência* da busca de resultados foi irremediavelmente perdido na *irreversibilidade* dos danos éticos causados à marca.

Em meados de 2001, o mercado foi surpreendido por uma das mais impressionantes tentativas de enganar o consumidor de que se tem notícia em tempos recentes. Nesse deslize ético, dois aspectos chocaram particularmente: o envolvimento de marcas tradicionais e a impressão de que se tratava de uma ação orquestrada. Usando o artifício de diminuir peso, metragem ou conteúdo, mantendo o tamanho das embalagens e as características a que os consumidores estavam acostumados, alguns fabricantes alcançaram um reajuste disfarçado de preço de até 30%. Casos exemplares foram oferecidos pelos maiores fabricantes de papel higiênico – Klabin, Melhoramentos e Santher –, que diminuíram 25% a metragem dos rolos, de 40 para 30 metros, sem mexer um centavo nos preços que vinham cobrando. O sabão em pó Omo, a marca mais desejada da categoria e dona de uma reputação de muitos anos, nem por isso deixou de praticar a malandragem: nivelando-se a marcas com muito menos respeitabilidade, também diminuiu a quantidade do produto em suas embalagens, de 1 kg para 900 g. Para disfarçar, criou uma promoção em que ofereceria 100 g a mais pelo mesmo preço, com a clara intenção de confundir o consumidor, como muito bem denunciou a revista *Época*, de 20 de agosto de 2001. De maneira semelhante, agiram fabricantes de renome internacional, como Danone, Quaker (Sardinha Coqueiro) e Johnson & Johnson quando, sob justificativas diversas, ofereceram ao consumidor menos produto pelo mesmo preço. Marcas próprias das redes de supermercados não ficaram atrás. O Carrefour, que é mencionado em outros momentos deste livro, aqui foi o campeão dos infratores, com multas de 500 mil reais, em cinco anos.

Os fabricantes justificaram a iniciativa de mudar o conteúdo das embalagens como proteção contra o aumento dos custos e o racionamento de energia. No entanto, alguns deles, como Klabin e Danone, vieram a público, em notas formais na imprensa, com argumentos patéticos, dando a entender que, mediante as alterações de peso e volume dos produtos, estavam seguindo tendências de grande aceitação pelo consumidor. Diante disso, documentos tidos como obras-primas de defesa viraram obras-primas de confissão.

É provável que houvesse realmente necessidade premente de, a fim de não sacrificar margens de lucratividade, corrigir os preços. Embora a estabilidade da moeda tenha sido a grande bandeira do governo Fernando Henrique Cardoso, a inflação brasileira existia e interferia diretamente nos custos. Dependendo do tipo de insumo com que se trabalhasse, os preços podiam alcançar patamares que superavam, largamente, os índices oficiais. A subida dramática do dólar era outro fator que agia fortemente na composição dos preços, atingindo em cheio quem trabalhava com matérias-primas importadas. Há que se considerar ainda a questão do racionamento de energia, que provocou uma queda na produção e, conseqüentemente, na oferta. Tudo isso é verdade e deve ter deixado os empresários e seus executivos de cabelo em pé. Com uma agravante: se de um lado eles eram pressionados por uma questão evidente, como a elevação dos preços de seus insumos, de outro, tinham a espada política sobre a cabeça, uma vez que, às vésperas de um ano eleitoral, o governo não admitia sonhar com a volta de uma inflação fora de controle. Fica-se, então, com a impressão de um acordo implícito entre a indústria e o governo: façam o que quiserem, só não aumentem os preços, pelo menos, da maneira clássica. É como prender alguém e, antes de dar as costas, dizer: escape como quiser, só não me peça a chave da porta. Diante dessa realidade, só resta ao "preso" usar de sua "criatividade". Um dos aspectos mais sérios das alterações realizadas nas embalagens, com a intenção de disfarçar uma correção de preço que, conseqüentemente, não aparecia nos índices oficiais, é a forma cartelizada com que foram feitas. Mais do que um descompromisso ético de determinada empresa ou de determinada gestão, elas podem ter traduzido algo muito mais sério: uma vocação de época, uma transformação moral das administrações, em que, definitivamente, já não importa o valor da marca com que estamos lidando. Essa é, convenhamos, uma postura insana. Parece exagero? Não quando vemos, por exemplo, a marca Omo, que tem toda a sua estratégia de *marketing* baseada na confiabilidade, envolvida num processo de logro ao consumidor. Uma proposta com o alcance de alterar a quantidade de produto na embalagem precisa, necessariamente, ser avalizada pelo mais alto escalão de uma empresa. Se for uma multinacional, tem de ter a autorização da matriz. É isso que torna a questão absolutamente dramática. Como que infectada por um vírus, toda a cadeia decisória da marca passa a trabalhar de maneira cadenciada contra ela. Como já observamos, não se está lidando com o tempo de maneira racional: a premência está merecendo uma atenção infinitamente maior do que a irreversibilidade.

O pior momento da marca é aquele em que seus deslizes éticos *fazem sentido* para a opinião pública. É uma ilusão pensar que essa é uma condição própria apenas das marcas envolvidas em escândalos sucessivos. Qualquer marca poderá, eventualmente, envolver-se em algum tipo de escândalo e isso não irá, necessariamente, comprometê-la de maneira irremediável. O que vai fazer a diferença será, exatamente, quanto o envolvimento da marca no escândalo *faz sentido ou não*. O escândalo, na verdade, não deixa de ser, também, um excelente *teste de resistência* para a imagem da marca. A imagem ética da marca pode ser tão forte que o escândalo *não fará sentido*. Assim como o escândalo poderá ser revelador de um tipo de *doença da ética* que vinha se desenvolvendo, muitas vezes, sem que os responsáveis pela marca atentassem para ela. Significa dizer que

> o efeito do escândalo público sobre a marca é proporcional à quantidade de pequenos escândalos privados que, inadvertidamente, se cometem com ela, todos os dias.

O nome da rede francesa de supermercados Carrefour esteve envolvido em mais dois casos, estes de características bastante rasteiras. Num deles, seguranças de uma de suas lojas, no Rio de Janeiro, foram acusados de orientar agressões a duas clientes de quem teriam suspeitado de roubo. O aprofundamento da investigação revelou uma conexão da segurança do supermercado com traficantes de uma favela próxima, que estariam incumbidos de castigar quem roubasse na loja. Em outro, uma filial da rede, localizada no Nordeste, foi surpreendida vendendo, a um preço surpreendentemente baixo, telefones celulares que, logo se revelaria, faziam parte de um lote de carga roubada. Um funcionário do fabricante suspeitou do preço e iniciou a investigação, uma medida saudável de proteção da marca do aparelho celular. Tudo isso poderia ser percebido como meros acidentes de percurso, se não houvesse disseminado uma certa prevenção contra os comportamentos de quem lida com interesses da marca Carrefour em diversas frentes. Numa pesquisa rápida, fui informado de que os acontecimentos eram reveladores de uma índole empresarial. Há indícios muito fortes de que a rede não mantém uma relação saudável com sua *comunidade*. Uma funcionária grávida, por exemplo, há alguns anos, foi demitida sem receber os direitos que a legislação trabalhista lhe assegura. Depois de uma longa batalha judicial, em que a empresa sempre recorreu das decisões, na última instância, o Carrefour, mais uma vez derrotado, foi obrigado a pagar uma pesada indenização a sua ex-funcionária. Do ponto de vista negocial, seus fornecedores fazem relatos espantosos das condições aviltantes a que são obrigados a vender sua produção, não só em termos de preço como de prazos de pagamento. Não é ilegal fazer o negócio que mais lhe convenha, mas, seguramente, existe um limite ético a ser respeitado entre as partes, cuja subsistência necessita que ambas sobrevivam em condições de produzir com qualidade. A concentração do mercado distribuidor brasileiro, atualmente, em três redes – Carrefour, Pão de Açúcar e Wal-Mart – é um grande potencializador de deslizes éticos, estimulados, inclusive, pela acirrada concorrência de preços entre elas. Voltando ao caso da demissão da funcionária grávida, o fato, em si, é de tamanha desfaçatez, por se tratar de uma evidência absoluta de ilegalidade, que não surpreende que desencadeie toda sorte de suspeitas em torno da qualidade das relações trabalhistas que a rede mantém com seus funcionários. A crueldade com que a rede negocia com seus fornecedores pode, perfeitamente, induzir ao pensamento de que é possível que compre mercadoria de origem desconhecida ou suspeita, desde que o negócio lhe seja muito conveniente, como o ocorrido com a carga de telefones celulares no Nordeste. É esse *fazer sentido* o revelador da patologia que pode comprometer, decisivamente, a saúde da marca.

Nada é pior para a marca de uma companhia aérea do que a queda de um avião; no entanto, tínhamos no Brasil duas companhias de imagens antagônicas, em termos de ética, mas com índices de acidentes graves recentes inversamente proporcionais: a TAM e a Vasp. A imagem de marca da TAM é tão bem preservada, que dois acidentes gravíssimos ocorridos em datas relativamente próximas acabaram absorvidos pela opinião pública como fatalidades. Ou seja, *não fez sentido* atribuir a uma eventual displicência da companhia a causa dos desastres. Já a Vasp, embora não se conheça nenhum caso grave envolvendo suas aeronaves, em seus últimos anos de existência acabou com uma péssima imagem, em termos éticos, por causa das diversas acusações de falcatruas que sofre seu proprietário. Significa dizer que existe, latente, na opinião pública a idéia de que, houvesse um acidente com um avião dessa companhia, ele *faria sentido*. Com isso quero demonstrar que não é o escândalo em si, ocorrido de repente, que comprometerá a marca definitivamente. Pode ser que isso aconteça se a marca estiver, antecipadamente, comprometida. É o caso da TWA, companhia aérea americana que se tornou inviável após a queda de um avião no mar, poucos minutos após decolar de Nova York. Havia uma percepção clara de que a companhia vivia momentos de grandes dificuldades econômicas. Quando o avião caiu, o acidente fez *todo sentido*. Diferentemente do que ocorreu, em termos de dano à marca, quando, em 1998, um Boeing da Singapura Airlines, cujo piloto, por engano, ao taxiar no Aeroporto de Taipei, em Taiwan, invadiu uma pista fechada e bateu contra uma construção, provocando um acidente com inúmeras mortes. Foi uma surpresa, pelo fato de a companhia ser considerada a primeira no mundo em qualidade de serviço. Ou seja, o acidente *não fez sentido*.

Quando nos ocupamos seriamente com a qualidade ética de nossa marca, não só construímos as bases mais sólidas sobre as quais uma imagem de marca se pode assentar e construir um futuro promissor, como lhe garantimos um *seguro de vida* contra *acidentes de percurso*, gerados por fatalidades ou como eventuais conseqüências de alguma negligência. E quando podemos nos certificar de que estamos cuidando da qualidade ética de nossa marca? Em primeiro lugar, quando temos certeza de dar à ética um grau de importância à altura de seu significado. Infelizmente, na administração tida como moderna, a busca de resultados, na maioria das vezes, dá à ética um limite que não interfere no desempenho do balanço. A administração da Petrobras, entre os anos de 1999 e 2001, é um exemplo triste. Observada pelo balanço, a empresa conheceu, provavelmente, um dos maiores índices de crescimento de sua história, tornando-se uma respeitada gigante internacional no setor petrolífero. No entanto, a construção desse resultado passou por cima de premissas básicas do comportamento ético. Muito mais do que opiniões, existem fatos e relatórios que dão a dimensão de quanto a estatal negligenciou as conseqüências de um gerenciamento voltado apenas para resultados contábeis. Oitenta e três mortes em acidentes de trabalho; graves desastres ecológicos causados por vazamento de óleo, em diversos pontos do país; e a explosão e o afundamento, por falhas de manutenção, da maior plataforma do mundo, a P-36, na Bacia de Campos. Tudo isso, num período de tempo muito curto e sob a mesma gestão, dá bem a idéia de uma administração fundamentada apenas em preceitos de mercado e sem nenhum cuidado ético com a imagem da marca. Ironicamente, a Petrobras veio a conhecer o período mais trágico de sua vida exatamente no momento em que tentava demonstrar que, apesar de estatal, era conduzida sob a orientação da mais moderna *business administration*, alinhada com as exigências competitivas da globalização. Tão preocupados estavam seus gestores em deixar patente a idéia de que faziam uma administração revolucionária, que estabeleceria um *antes* e um *depois* deles, que uma de suas ocupações foi tentar uma precipitada e frustrada mudança no nome e na logomarca da companhia, de Petrobras para PetroBrax, que entendiam ter uma sonoridade mais adequada no exterior. A idéia causou tamanho clamor público que foram forçados a voltar atrás. Provavelmente, passarão para a história sob o signo do afundamento da P-36.

A avaliação ética é implacável porque nasce de subsídios que nós mesmos fornecemos à percepção dos outros. Decisões, recomendações, estabelecimento de objetivos, métodos de negociação, composições de preços, avaliações de matéria-prima, admissões, demissões, respostas a consultas, internas ou externas, confrontos de pontos de vista são atitudes a que costumamos impregnar, conscientes ou não, de conceitos éticos. Quando temos consolidada uma definição ética em nossa educação ou, pelo menos, se assumimos um compromisso ético com a marca que devemos defender, o risco de cometermos deslizes comprometedores diminui bastante. Mas quando somos vacilantes a respeito do valor da ética no mundo dos negócios ou não recebemos nenhuma bandeira ética junto com as metas de produção e vendas, ao nos entregarem a gerência da marca, é muito provável que possamos agir de maneira exclusivamente voltada para o presente, sem nenhum compromisso com o passado ou com o futuro da marca. Resistir à tentação da glória, do poder e da rentabilidade, rápidos e fáceis, é um dos maiores desafios da administração contemporânea. Empurrados, ameaçados e encurralados pelas circunstâncias de mercado, perdemos nossas referências. Passamos a vagar à deriva, em circunstâncias em que, certamente, a *pirataria* se move com mais desenvoltura. Não é difícil, diante das dificuldades de um mercado especulativo e pouco afeito a escrúpulos, tendermos a nos portar de maneira inconveniente com os valores da ética para demonstrar que não somos ingênuos. Quando muito jovens, principalmente, e essa é uma tendência atual — cada vez mais jovens estão em cargos de comando —, nossa noção de tempo é mais limitada, por uma condição óbvia: vivemos menos. Nossas noções de resultado ainda reportam à adolescência, quando vivíamos e desejávamos as coisas como se fôssemos viver apenas mais um dia. É verdade que o dinamismo que essa mentalidade comporta em muito contribui para a conquista de mercado para a marca. Mas para que uma administração dinâmica seja, efetivamente, eficiente ela precisa

conciliar, de maneira absolutamente equilibrada, os aspectos *prementes* das decisões com as necessidades *perenes* dos valores. É a diferença entre eficiência e sabedoria.

# Compreender que só o tempo traz a confiança

O tempo é uma variável sobre a qual não temos a menor ascendência. Com um detalhe implacável: o tempo constrói *tradição* independentemente de nossa vontade. Ou seja,

> **toda marca é prisioneira da imagem que o tempo lhe dá.**

Significa dizer que não existe marca com percepção *neutra*. Aliás, no mundo das marcas, *neutralidade* significa *mediocridade*. Assim, a mais importante *missão* que temos, em nossa relação com a marca, é usar o tempo a favor dela. Trabalhar o tempo a favor da marca pede, antes de tudo, serenidade para avaliar o mercado com independência. Se, por um lado, a *premência* do tempo é indiscutível e, muitas vezes, pode dar a impressão de que temos de implementar decisões, mesmo que ainda não devidamente avaliadas, não podemos deixar de ponderar, por outro lado, que o tempo também não volta atrás.

> O grande desafio é saber lidar, simultaneamente, com a *premência* e a *irreversibilidade* do tempo.

Temos de reconhecer que essa missão de compromisso com a história da marca exige bem mais do que os arroubos de agressividade estimulados em jovens executivos pelos cursos da *business administration*. A coragem, a determinação, o atrevimento são formas de fazer e não fundamentos de conteúdo, como, diversas vezes, acabam nos parecendo, tamanha a insistência com que se pregam esses métodos como soluções para nossas questões relativas à competitividade. Normalmente, as formas genéricas atendem bem à questão da *premência*, mas são, quase sempre, negligentes no trato da *irreversibilidade*. Ignorar o tempo como fator básico, ou considerá-lo apenas no que se refere à *premência*, no trabalho de construção da marca é de uma irracionalidade patética. Tentar antecipar-se à lógica do tempo e impor os prazos no estabelecimento de *tradição* é uma luta inglória. Há alguns anos dispomos de recursos tecnológicos bastante eficientes na difusão das marcas e de suas propostas de uma forma muito mais dinâmica. No entanto, no que se refere à *experimentação*, à *assimilação* e à *incorporação* de nossas propostas, continuamos a lidar com os mesmos recursos de sempre: os sentidos humanos. As pessoas continuam a sentir o perfume de um sabonete pelo olfato; continuam a perceber o sabor de um alimento pelo paladar; continuam a experimentar a textura de um tecido pelo tato; continuam a apreciar uma música com os ouvidos; continuam a admirar uma paisagem com os olhos. O que significa que, por mais que tentemos forjar e antecipar a aceitação de nossos produtos ou serviços, sempre iremos esbarrar nas características da própria condição humana e do tempo que ela necessita para absorver e metabolizar informação. Por isso, estabelecer condições *sobre-humanas* de conquista de mercado não significa que obteremos como resposta reações *sobre-humanas* de nossos potenciais consumidores. Daí, provavelmente, se possa explicar a sucessão de derrotas que muitas marcas vêm experimentando, apesar de, com freqüência, colocarem a seu serviço profissionais tidos como eficientes e moldados para o formato que acreditamos ideal de administração.

> É preciso entender que o limite da eficiência humana é a natureza humana.

Será de bom senso estabelecer, em primeiro lugar, o que é provável, o que é possível e o que é *antinatural* em nossas iniciativas para a marca. E, provavelmente, a classificação da *antinaturalidade* seja, de todas as preocupações, a mais importante, em conseqüência das distorções de conceito que se vêm cometendo no mundo dos negócios, em nome daquilo a que se convencionou chamar de *vitória*. A *antinaturalidade* busca resultados *antinaturais* e, por isso, necessita de atitudes *antinaturais* para alcançá-los. Isso se traduz numa seqüência permanente de fracassos e frustrações, como se aquele a quem se incumbiu o resultado *antinatural* tivesse a obrigação de cumpri-lo, sob pena de estar fora do *mercado*. Mas por que chegamos a esse ponto? Afinal, as marcas vencedoras terão, efetivamente, ultrapassado todos os limites humanos, físicos e naturais, inclusive o tempo e o espaço, como num milagre de superação? Absolutamente. As condições objetivas do homem e da natureza continuam as mesmas, o que mudou foi apenas o *marketing* da *vitória*. Nem isso, no entanto, traz novidade, pois na natureza a exibição de força e poder, racionalmente inconcebíveis, é absolutamente comum no mundo animal, como disfarce das próprias limitações. Hoje em dia, qualquer triunfo vira um *case*; já não será isso motivo suficiente para pensarmos em quanto, verdadeiramente, de *superação antinatural* consistirá esse *case*? Na verdade, a *vitória*, nessas ocasiões, é utilizada apenas como mais um produto a se vender, o que, aí sim, não tem nada de *antinatural*, é um *negócio*, como qualquer outro.

No caso citado da Petrobras, o governo tentou inverter a percepção negativa da administração em que aconteceu o afundamento da plataforma P-36 – o pior de uma série de acidentes e mortes que vinham ocorrendo com relativa freqüência – anunciando, em rede nacional de televisão, em meio ao triste noticiário, que o preço do combustível iria baixar. Se funcionasse, poderia virar um *case* de *abafamento* da percepção de gravidade de um dos momentos de maior demonstração de incapacidade técnica de uma equipe do governo. A questão se torna perigosa quando milhares de homens e mulheres, quase sempre jovens, passam a acreditar que os *cases* são *milagres* de superação dos limites humanos, quando na verdade as afirmações que tentam transformá-los em verdadeiras *epopéias* não passam de uma tentativa de valorizar as marcas e os profissionais envolvidos com elas, numa típica atitude de *marketing*. Afinal, a marca que vira referência passa a *valer mais*, bem como os profissionais envolvidos com ela. No mercado fortemente especulativo em que vivemos, não há nada mais favorável.

Marca nenhuma está impedida de, paralelamente à sua construção, com base na qualidade daquilo que produz e na qualidade ética de seus procedimentos, pensar em potencializar a repercussão de seu sucesso por meio de ações de *marketing* focadas, objetivamente, na *fabricação* de um *case*. É certo que um *case* há de ser, antes de tudo, conseqüência, mas hoje, diante do alcance da voracidade do capital investidor, é natural que a marca ocupe seu lugar na vitrine do *mercado*, tendo o tema como um de seus principais objetivos. O assunto, quando tratado com responsabilidade e respeito humano, pode ter características muito saudáveis e que atendam ao interesse comum da *comunidade da marca*, contando, inclusive, com sua determinante colaboração. O que, absolutamente, não é nem um pouco saudável é a índole especulativa que, em detrimento de qualquer qualidade real, busca um rápido reconhecimento do *mercado*, usando, para isso, de maneira desmedida e desumana, a *comunidade da marca* como *ferramenta descartável*. A prática especulativa, quando necessária, deve correr paralela às vocações naturais da marca, ao princípio que a gerou e que serve de principal motivação de seus colaboradores. A atitude especulativa na lida com a marca deve ser compreendida como um mal necessário que, sob uma ótica realista de mercado, já não pode ser ignorado. No entanto, por mais tentadoras que sejam as perspectivas com que a especulação acene, é preciso ter claro que não se trata de uma prática fundamentada em valores que as pessoas aprenderam a respeitar, próprios da realidade cristalina, próprios da natureza humana e de seus sentidos.

O jogo da especulação é um jogo de truques, uma aposta de ilusionistas em suas próprias capacidades de enganar a quem lhes interessa enganar. Mas não é necessário que se use a especulação até esse limite perigoso para a imagem da marca. E uma das formas mais seguras de garantir que não se extrapola nessa prática é estar atento no que se refere ao tempo. Uma fruta ainda verde pintada de vermelho pode dar a impressão de que está madura; pode, quem sabe, ser *comprada* como fruta madura, mas apenas uma vez. Por outro lado, será muito razoável que uma fruta *mais vermelha* seja colocada à frente das outras, como chamariz. Nesse caso, não se estará violentando o tempo mas enaltecendo o melhor efeito dele sobre determinado exemplar. Em nossos negócios, é muito provável que certas qualidades amadureçam antes de outras. A confiabilidade, por exemplo, depende efetivamente de um tempo suficiente para que os produtos ou serviços com nossa marca sejam experimentados por um número significativo de usuários, de preferência por mais de uma vez. Para ter sucesso nessa operação, é fundamental que nosso produto ou serviço tenha um comportamento regular de agrado do consumidor, o que só conseguimos quando o foco de atenção está no negócio principal de nossa empresa e não na especulação com nossa marca. Mas há propriedades de interesse do mercado que podem, perfeitamente, ser percebidas, desde o início de nossas atividades, como qualidades pelo potencial usuário: a *compatibilidade* e a *conveniência*. Se somos compatíveis e convenientes ao mercado, devemos deixar isso claro, muito cedo. É nossa oportunidade maior diante da fatalidade de que ainda não nos podemos afirmar confiáveis.

As coisas têm de *fazer sentido* para o consumidor. Um dos maiores erros que se podem cometer é comprometer a marca com afirmações e conceitos que não têm a menor possibilidade de ser verdadeiros, principalmente em razão do fator tempo. Muitas vezes, na urgência de conquistar mercado, algumas marcas tentam *pular etapas*. Na verdade, podem-se *pular etapas* quanto à localização – instalar-se num ponto nobre de consumo –, à variedade – diversificar a linha –, ao preço e às condições de pagamento – criar promoções ou programas especiais de financiamento –, à qualidade do atendimento – investir mais em treinamento – e a outros aspectos. Em termos de tempo, porém, teremos sempre de nos resignar com seu ritmo. Toda atitude empresarial que tenta *desconsiderar* o tempo na consolidação de conceitos na mente do consumidor corre o grave risco de se chocar com a lógica. E quem se choca com a lógica sujeita-se a comprometer a própria credibilidade. Ou seja, a ação intempestiva traz consigo o vírus da mentira, cuja conseqüência mais grave é exercer, exatamente, o efeito contrário àquele que se buscava. O que *não faz sentido* merece um tipo de atenção por parte do mercado que não é o que se buscava, mas o contrário. Enquanto a boa atenção do mercado é aquela despertada pela oportunidade *percebida* pela mente, a atenção ao que *não faz sentido* é a que desperta a suspeição e sua conseqüente perda de credibilidade.

# Compreender que num mundo de *players* faz diferença não ser um a mais

Visite nossa cozinha. Visite nossa fábrica. Visite nosso depósito. Visite nossa casa. Visite nosso *site*. Visite nossos propósitos e nossas intenções. Nada para esconder, tudo para orgulhar-se. É o que faz a diferença entre marcas *infladas* e *marcas reais*. A *marca inflada* é como uma bolha de sabão: não pode ser tocada, sob pena de revelar sua *fragilidade* e perder seu *valor* (objetivo maior e de curto prazo daqueles que especulam com ela). Portanto, se a sua marca não é uma *marca inflada*, não tem nenhuma razão para comportar-se como uma *marca inflada*. Se o que propomos e oferecemos é verdade e nossa qualidade pode ser perfeitamente comprovada, a qualquer tempo, esse deverá ser o conceito a nortear o posicionamento de nossa marca. Hoje em dia, no mercado fortemente movido pelo jogo da especulação, é comum as empresas estarem sempre *à venda*, dependendo da oferta.

É um fator que passou a ocupar espaço nas preocupações gerenciais. Só para dar um exemplo, lembro que, recentemente, fui testemunha dos movimentos de uma empresa norte-americana cuja administração, ao inteirar-se de que se tornara objeto do interesse de um fundo de investimentos – inclusive com noção dos valores que estariam envolvidos no negócio –, resolveu, em caráter de urgência, *montar* sucursais em dois importantes pólos consumidores na América Latina e, com isso, *dar a impressão* de que valia mais. Na verdade, a presença das sucursais não tinha nenhum significado para esses mercados, pois a marca era absolutamente desconhecida do consumidor das regiões. No momento da avaliação para a venda, porém, certamente teriam de ser levadas em conta. Calculando que estar presente nos dois mercados poderia significar uma valorização da ordem de vinte por cento no preço da companhia, seus gerentes estavam dispostos a fazer um investimento *relâmpago* em *marketing* da ordem de alguns milhões de dólares, em curtíssimo prazo, numa campanha *one shot*, como diziam, com o objetivo de que, caso se fizesse uma pesquisa de percepção da marca no período das negociações, provavelmente ela fosse lembrada, ainda que não consumida, por um número significativo de pessoas. Mesmo que julguemos que são atitudes espertas no mundo dos negócios, é necessário perceber a radical mudança de foco adotada pelos administradores, que provavelmente pouco tempo terão podido dedicar à produção e à atenção ao usuário. E certamente sem nenhum interesse em *abrir* a casa para visitação e a constatação daquilo que, em tese, números muito bonitos estavam prometendo.

As privatizações brasileiras nas áreas de telefonia e fornecimento de energia vêm merecendo algumas críticas pela decepção do usuário com a qualidade que fora prometida e que, até agora, não se materializou, pelo menos na dimensão em que foi anunciada. A irregularidade no padrão dos serviços oferecidos traduz a confusa situação acionária dos novos donos das empresas de telefonia e das fornecedoras de energia elétrica. Salta aos olhos o troca-troca de ações, o compra-e-vende de empresas, muitas vezes entre membros da mesma associação de investidores. A impressão que fica é que pouco há de *técnico* no negócio, e muito de *especulativo*. Não quero dizer com isso que um hospital que tenha como proprietário um banqueiro não possa vir a ser um bom hospital, notadamente se houver disposição de fazer um bom investimento na qualidade do atendimento. Mas devemos admitir que, se os serviços não estiverem a contento, muito se poderá atribuir, eventualmente, a tomadas de decisão de cunho meramente especulativo, no sentido de chegar a um balanço mais favorável para uma eventual negociação vantajosa. Enfim, são tantas as movimentações financeiras das diversas empresas envolvidas na aquisição das estatais brasileiras que, às vezes, podemos ter a impressão de que o país se transformou numa imensa bolsa de valores, onde especuladores *jogam* o tempo todo.

O fato de o mercado estar tomado pela aventura em muito contribui para essa percepção de pouco compromisso *real* com as marcas. Especuladores de toda ordem arriscam-se, em setores diversos, em busca do lucro a curto prazo. Marcas *infladas* aparecem, a cada momento, nas esquinas, absolutamente descomprometidas com a história ou com sua comunidade. Quem olhar para o mercado apenas com um objetivo de curto prazo pode ter a impressão de que, ao não entrar no *jogo*, compromete a sobrevivência da marca. No entanto, da mesma forma que um olhar de curto prazo para a frente pode inquietar e abalar convicções tradicionais, um olhar de curto prazo para trás pode, por outro lado, servir de conforto. O fenômeno da *nova economia* é um demonstrativo implacável de que do jeito que as coisas vinham sendo conduzidas não podiam mesmo acabar bem. O capital meramente especulativo atira-se às tendências e aos *modismos* com a mesma velocidade com que foge deles. E as tendências e os *modismos*, por sua vez, também *são fabricados* à feição para atrair a especulação. Ou seja, é um jogo de dissimulações e descompromisso que, mais do que competência ou capacidade intelectual, exige vocação para participar dele, o que, perfeitamente, se pode traduzir como índole. O mercado empresarial, o mundo dos negócios, como qualquer atividade consciente, reproduz o comportamento humano. As ferramentas, os recursos, a tecnologia podem ter potencializado, imensamente, a capacidade humana de fazer muito mais coisas e de um jeito muito mais rápido, mas, ao depurarmos a informação de toda a *adjetivação*, chegamos ao homem que joga ou trabalha. Não há dúvida de que a *aposta* foi e é um fator determinante do desenvolvimento, afinal, se desde o princípio dos tempos o homem não resolvesse abandonar a segurança e *apostar* no desconhecido, ainda estaríamos na Idade da Pedra Lascada. Talvez nem lascada. Mas, por outro lado, se o homem tivesse optado apenas por *apostar* indefinidamente, seríamos, ainda hoje, errantes, sem nenhuma base estruturada que nos permitisse crescer de forma organizada e voltada ao bem comum.

É aceitável o conceito de que toda vez que alguém abra uma empresa esteja, efetivamente, entrando numa disputa de mercado. E toda disputa não deixa de ser um jogo. Mas existe uma diferença cristalina entre um jogo praticado por profissionais *daquele jogo* e um jogo praticado por profissionais de *qualquer jogo*. Profissional de *qualquer jogo* é uma espécie de *bookmaker*, ou seja, não tem compromisso com o jogo em si, mas com a quantidade de apostas que conseguir arrecadar. O negócio dele é, antes de mais nada, o dinheiro que possa arrecadar, quanto antes, e depois as características e os propósitos da empresa. Apostar em um segmento, apostar em um mercado, apostar em uma idéia são atitudes saudáveis. Muitos profissionais recém-formados, muitos técnicos de qualidade e outras pessoas criativas, desprovidas de capital, só puderam alcançar sua primeira oportunidade graças à aposta que alguém fez neles. O problema nasce quando aquele em quem se apostou gostou da idéia do *jogo* e, em vez de ter-se dedicado àquilo que mereceu a aposta, começou a fazer da aposta seu negócio principal. Está bem que o lucro seja um potente agente motivador, afinal todos queremos desfrutar o melhor da vida que pode ser comprado com dinheiro e, ainda, viver o conforto de ter o futuro materialmente garantido. No entanto, essa não deixa de ser uma motivação absolutamente ordinária, isso significa que ela não vai fazer a diferença na qualidade de nossa marca. O que fará a diferença é outro tipo de motivação: o idealismo. É um erro separar idealismo de lucro. É tão preconceituoso acreditar que idealistas não pensam em lucro como pensar que quem pensa em lucro nunca é um idealista. Da mesma forma, é tão inócuo, como contribuição de uma construção positiva da marca, pensar apenas em lucro ou ser apenas idealista sem pensar em lucro. Mais uma vez o equilíbrio é a chave que abre caminho para a construção de uma marca saudável.

> Para que o idealismo gere resultados, precisa de condições materiais adequadas. Para que o dinheiro construa resultados na direção certa, precisa do leme do idealismo.

# Compreender que a publicidade é um potencializador de qualidades

A publicidade não deve ser vista como uma cartola de mágico, de onde se extraiam méritos que não temos. A publicidade não complementa, não *remenda*, não agrega valor ao produto ou ao serviço anunciado. A publicidade não faz nada sozinha e só funciona quando tem como missão enaltecer qualidades reais.

> **O sucesso da publicidade é absolutamente dependente da satisfação do consumidor.**

Se não houver satisfação, a publicidade fracassa. E o fracasso da publicidade tem o dobro do peso de seu sucesso. Porque é percebido como mentira. Quando digo que o sucesso da publicidade é absolutamente dependente da satisfação do consumidor, quero deixar bem claro que, enquanto

> **a satisfação do consumidor não tem nada a ver com a publicidade, a insatisfação do consumidor, sim, tem tudo a ver com ela,**

pois, se a publicidade serviu para induzi-lo à experimentação e o produto não o agradou, é o que se chama de propaganda enganosa. A publicidade desperta o interesse e, eventualmente, o desejo da experimentação. Esperar que a publicidade faça alguém gostar de alguma coisa é uma exigência indevida. Um trabalho sério de publicidade só é possível quando identificamos naquilo que vamos anunciar elementos que mereçam ser enaltecidos e a usamos como um eficiente potencializador de qualidades inatas ao produto ou ao serviço oferecidos.

Compreender que as marcas,
como as pessoas, revelam
ao mundo seu berço

A percepção da marca é produto de uma expressão gráfica (ela tem uma *cara*), de uma expressão *filosófica* (ela tem alguma coisa a dizer) e de uma experiência (ela tem alguma coisa a trocar). Cada um desses momentos remete à origem da marca e à confiabilidade de seus propósitos. Por isso a *imagem*, o *discurso* e a *ação* devem fazer sentido entre si, como membros de uma mesma família *ética*.

Impressão e acabamento:

Orgrafic
Gráfica e Editora
tel.: 25226368